성경을 읽는 것 자체가 좋습니다. 그러나 알고 읽는 것은 더 좋습니다. 알고 읽되 그리스도를 중심으로 신구약 전체를 이해하고 읽는다면 금상첨화일 것입니다. 역사와 전통이 있는 미국 웨스트민스터 신학교에서 개인은 물론이고 교회 안의 다양한 그룹에서 사용할 수 있는 성경읽기 교과서를 보내왔습니다. 심혈을 기울여 만든 《리딩지저스》는 한국 교회 성도들에게 귀한 선물이 되기에 충분합니다.

이규현 담임목사 | 수영로교회

미국 필라델피아에 자리한 웨스트민스터 신학교는 미국 기독교계는 물론이고 한국 교회에도 큰 영향을 미친 신학교입니다. 영향력 있는 신학자들을 많이 배출하였고, 이를 통해 한국 교회에 크게 공헌한 신학교입니다. 이 고마운 신학교에서 이번에 한국 교회를 위해 또 한 번 큰 수고를 해 주었습니다. 신학교 산하에 있는 웨스트민스터프레스코리아에서 《리딩지저스》라는 성경읽기 도구를 만들었습니다. 신학교 교수님들의 강의를 성도님들도 쉽게 이해하시도록 긴 시간을 들여서 만든 작품입니다. 《리딩지저스》가 가진 가장 큰 의미가 있다면, 성경이 가리키는 한 분, 예수 그리스도를 중심에 둔 성경읽기라는 점입니다. 모든 저자가 성령의 감동으로 오직 한 분 예수님을 드러내기 위해 쓴 책이 성경이라면, 우리는 성경을 쓰인 목적대로 읽어야 할 것입니다. 이런 점에서 많이 기대되는 책입니다. 이 책을 통해 우리는 구약성경이든 신약성경이든 어느 본문에서든 예수님을 발견하게 될 것입니다. 《리딩지저스》와 함께 성경이 말하는 예수 그리스도를 체험하는 행복한 시간을 갖게 되시기를 바랍니다. 나 자신과 내가 처한 상황을 그리스도 중심으로 해석하는 힘이 길러지리라 믿으며 기쁘게 추천합니다.

이찬수 담임목사 | 분당우리교회

성경을 가까이하고 즐겨 읽는 것이 경건의 핵심인 줄 다 알면서도 성경읽기의 행복에 들어가는 것이 생각보다 쉽지 않아서 많은 성도가 여러 번 시도하지만 실패하고는 합니다. 이번에 출간되는《리딩지저스》는 이런 점에서 성도들에게 큰 유익을 끼치리라 생각합니다. 창세기부터 요한계시록까지 성경에 나오는 다양한 인물과 사건을 예수님 중심으로, 예배하는 심령으로 읽도록 도와주어서, 우리의 성경읽기가 단순한 지적 호기심 충족이나 설익은 적용에 그치지 않고, 성경 본문을 풍성하게 누리도록 도전합니다. 또한 삶의 변화로 이끄는 성경읽기가 되도록 안내할 것입니다. 성경읽기를 통해 우리 삶의 전부요 기쁨이신 구주를 더욱 알고 사랑하는 일이 조국 교회와 성도들의 삶에 더욱 풍성해지기를 기대하는 마음으로 이 책을 적극 추천합니다.

화종부 담임목사 | 남서울교회

사도 바울은 연소했던 디모데에게 자신의 사역을 이양하면서 '읽는 것에 전념'하라고 합니다(디모데전서 4:13). '성경을 읽는 것'은 주님의 일을 하는 데 가장 기본인 훈련이며, 성숙한 성도로 살아가는 현장의 시작이라는 뜻입니다. 하나님 앞에 바로 서려는 진지한 결단을 하고 싶다면, 성경을 일독해 보라고 권하고 싶습니다. '말씀'은 시작부터 있었고(요한복음 1:1), 인생을 초기화^{reset}할 때 반드시 '말씀'이 앞에서 이끌어 주어야 하기 때문입니다. 그런데 그동안은 강력히 추천할 성경읽기 교재가 없었습니다. 이제 우리 앞에 나타난 듯합니다.《리딩지저스》성경읽기 교재에는 신학이 담겨 있으며, 그 신학이 성경 66권 전체를 읽어 가는 긴 여행을 돕는 훌륭한 지팡이가 될 것입니다.《리딩지저스》가 담고 있는 신학은 신뢰할 수 있습니다. 예수 그리스도를 중심으로 성경 전체를 읽어 나가는 길을 안내하기 때문입니다.《리딩지저스》는 한국 교회의 소생이라는 염원을 담아 제작되었습니다.《리딩지저스》는 말씀 위에 세워진 한국 교회가 코로나19의 어려움을 이기고 더욱 정결해지는 데 필요한 역할을 할 것입니다.

한규삼 담임목사 | 충현교회

READING

JESUS

6

미국 웨스트민스터 신학교와 '리딩지저스'

'리딩지저스'는 교회 공동체가 함께 성경 전체를 통독하며 성경의 중심 메시지를 이해할 수 있도록 돕는 성경읽기 프로그램입니다. 확신하건대 성경의 중심 메시지는 예수 그리스도, 곧 그분의 인격과 구원 사역입니다. 웨스트민스터 신학교는 오랜 세월 성경 전체에서 그리스도를 바라보는 성경해석학에 헌신해 온 학교로 잘 알려져 있습니다. 우리의 이러한 헌신은 그리스도와 사도들의 중심 메시지에 근거합니다.

누가복음 24장 25-27절에서도 우리는 부활하신 예수님이 이 사실을 얼마나 깊이 인식하고 계시는지 볼 수 있습니다. "이르시되 미련하고 선지자들이 말한 모든 것을 마음에 더디 믿는 자들이여 그리스도가 이런 고난을 받고 자기의 영광에 들어가야 할 것이 아니냐 하시고 이에 모세와 모든 선지자의 글로 시작하여 모든 성경에 쓴 바 자기에 관한 것을 자세히 설명하시니라." 예수님의 이러한 성경 연구는 그리스도 중심 성경읽기인 '리딩지저스의 핵심이자 근간'이 됩니다.

'리딩지저스'는 성경적 교회 기반 프로그램으로, 웨스트민스터 신학교의 사명으로부터 발전하였습니다. "웨스트민스터 신학교는 그리스도와 전 세계에 있는 그의 교회를 위하여 하나님의 모든 뜻을 선포하는 성경의 전문가를 양성하기 위해 존재합니다"(웨스트민스터 사명선언문).

1. 리딩지저스는 성경의 전문가를 양성하는 일을 합니다

웨스트민스터 신학교의 설립자인 그레샴 메이첸은 "성경의 전문가"라는 문구를 다음과 같이 사용했습니다.

> 신학교는 전문가를 위한 학교라는 사실을 결코 잊어서는 안 됩니다. 우리는 전문화 시대에 살고 있습니다. 눈에도 전문가가 있고, 코, 목, 배, 발, 피부에도 전문가가 있습니다…우리의 전문성은 하나님의 말씀에 있습니다. 성경의 전문가, 웨스트민스터 신학교는 이를 양성해 내기 위해 노력할 것입니다(J. Gresham Machen, "Westminster Theological Seminary: Its Purpose and Plan").

'리딩지저스'는 한국 교회를 위한 성경의 전문가를 양성하는 놀라운 발걸음입니다. 이 프로그램에 참여하는 사람들 가운데 앞으로 수년 내에 한국 교회를 이끌고 섬길 신학, 목회, 선교, 의료, 교육, 상담, 행정 분야의 성경의 전문가가 배출될 것입니다. 지금 '리딩지저스'에 참여하는 것은 곧 한국 교회의 내일을 위한 성경의 전문가들을 양성하는 일에 동참하는 것입니다.

2. 리딩지저스는 하나님의 모든 뜻을 이해하고 선포하는 것을 핵심으로 합니다

"하나님의 모든 뜻"(the whole counsel of God)이라는 표현은 사도 바울이 에베소 교회의 사랑하는 장로들에게 고별사를 전하며 나옵니다. "이는 내가 꺼리지 않고 하나님의 뜻을 다 여러분에게 전하였음이라"(사도행전 20:27).

웨스트민스터 신학교의 교육은 예수 그리스도 안에 있는 구원의 충만함이 계시된 성경에 확고하게 뿌리내리고 있습니다. 우리 신학교의 이름은 개혁 신앙의 정점에 있는 웨스트민스터 신앙고백의 이름을 따라 명명되었습니다. 그 이유는 어느 도시나 국가, 교단이나 사람이 아닌 오직 성경의 권위를 따르고자 했기 때문입니다.

'리딩지저스'는 성경이 하나님의 영감으로 기록되었으며, 스스로 권위를 입증하는 말씀이라는 고백 위에 만들어졌습니다. 그뿐만 아니라 성경이 기록된 원래 목적과 의미를 발견하여, 복음의 필수 진리에 전념하도록 돕는 교회를 위한 프로그램입니다. '리딩지저스'에 참여하는 것은 하나님의 모든 뜻에 평생을 헌신한 세계적 수준의 성경 전문 교수진이 가르치는 성경수업을 여러분과 여러분의 가족, 교회, 믿음의 공동체에 가져오는 것입니다. 이 얼마나 훌륭한 선물입니까! '리딩지저스'를 여러분의 교회 사역에 사용하길 진심으로 권합니다.

3. 리딩지저스는 그리스도를 영화롭게 하고, 전 세계에 있는 그의 교회를 세웁니다

그리스도를 영화롭게 하는 일은 참으로 우리 삶의 가장 중요한 목적입니다. 웨스트민스터 소요리문답 제1문답은 "사람의 제일되는 목적은 하나님을 영화롭게 하고 영원히 그를 즐겁게 하는 것입니다"라고 가르칩니다. 마찬가지로 예수 그리스도께 초점을 맞추어 그분을 예배하는 것이 바로 '리딩지저스' 프로그램의 핵심입니다.

예수님은 "내가 땅에서 들리면 모든 사람을 내게로 이끌겠노라"(요한복음 12:32)라고 말씀하셨습니다. 웨스트민스터 신학교의 '리딩지저스' 사역은 그리스도 중심 성경읽기를 통하여 십자가와 우리 주 예수 그리스도의 구원 사역을 높이 들어 올리는 것입니다. 저는 '리딩지저스'가 여러분과 여러분의 교회, 그리고 한국뿐만 아니라 전 세계적으로 그리스도를 영화롭게 하고 그분의 교회를 복되게 하리라고 믿습니다.

'리딩지저스' 프로그램을 통해 그리스도와 전 세계에 있는 그의 교회에 하나님의 모든 뜻을 선포하는 성경의 전문가를 함께 양성합시다.

피터 릴백 웨스트민스터 신학교 총장

교재 소개

우리는 모두 자신에게 익숙한 방식으로 성경을 읽습니다. 어떤 이는 성경 본문이 전하는 내용을 자세히 살피지 않고 서둘러 적용으로 넘어갑니다. 반대로 본문의 신학적 의미만 파고들고 실천은 뒷전인 사람도 있습니다. 아예 성경을 읽고 또 읽는 그 자체에만 집중하는 경우도 있습니다.

《리딩지저스》는 성경을 정확하고 풍성하게 읽도록 돕습니다. 자신이 좋아하는 본문만 골라 읽는 습관을 방지하고, 본문을 이해하는 데 다양한 관점이 있다는 것을 간과하지 않도록 안내합니다. 무엇보다 생각의 변화만이 아니라 삶의 변화를 추구합니다. 이는 성경 전체를 그리스도 중심으로 읽어 나갈 때 일어나는 반가운 소식입니다.

1 성경 그 자체를 따라

《리딩지저스》는 성경이 하나님의 영감으로 기록되었으며, 스스로 권위를 입증하는 말씀이라고 고백합니다. 이러한 신앙고백 위에서 성경이 기록된 원래 목적과 의미를 발견할 수 있도록 우리에게 성경이 주어진 그 자체를 순서대로 따라가며 성경을 통독합니다.

2 신뢰할 수 있는 신학적 틀

《리딩지저스》는 웨스트민스터 신학교의 "구약성경과 그리스도", "신약성경과 그리스도" 강의를 바탕으로 제작되어 온 교회가 신뢰하며 따라갈 수 있는 성경읽기의 신학적 틀을 제공합니다.

3 균형 있게 통합된 성경통독 교재
- 1부 성경읽기: 매일 일정한 분량씩 읽는 성경읽기
- 2부 성경수업: 성경 각 권을 그리스도 중심으로 해설한 성경수업
- 3부 성경나눔: 성경읽기와 성경수업의 내용을 바탕으로 공동체가 함께
  기도와 예배, 삶의 변화로 나아가는 성경나눔

4 그리스도 중심으로 창세기부터 요한계시록까지
일 년에 일독하는 과정(45주)
- 1권: 창세기 – 여호수아(7주)
- 2권: 사사기 – 에스더(8주)
- 3권: 욥기 – 아가(7주)
- 4권: 이사야 – 말라기(9주)
- 5권: 마태복음 – 로마서(7주)
- 6권: 고린도전서 – 요한계시록(7주)

그리스도 중심 성경읽기

성경은 단숨에 읽을 수 있는 책이 아닙니다. 1,500년에 걸쳐서 기록되었고, 66권으로 이루어져 있는 두꺼운 책입니다. 이야기와 시, 예언과 잠언, 묵시 문학 등 다양한 장르로 기록되었고, 한 번에 이해하기 어려운 본문도 많이 있습니다. 따라서 성경읽기에는 반드시 건강한 신학을 기반으로 하는 틀이 필요합니다.

《리딩지저스》는 온 교회가 신뢰하며 따라갈 수 있는 신학적 틀을 제공합니다. 100년에 가까운 기간 동안 성경에 계시된 그리스도를 붙들고 달려온 미국 웨스트민스터 신학교의 "구약성경과 그리스도", "신약성경과 그리스도" 강의가 그 내용의 토대가 되기 때문입니다. 《리딩지저스》가 안내하는 그리스도 중심 성경읽기는 다음과 같은 특징이 있습니다.

1 성경 속 하나님의 큰 그림을 보여 줍니다

《리딩지저스》는 하나님의 큰 뜻이 예수 그리스도를 통해 어떻게 이루어져 가는지를 보여 줍니다. 성경을 줄거리나 배경지식 위주로 읽거나 각 권의 주제와 쟁점에 초점을 맞춰 살피는 방식보다는, 복음의 발자취를 따라 창세기부터 요한계시록까지 성경 전체를 그리스도 중심으로 읽도록 안내하고, 삶에 적용 가능한 관점을 제공합니다.

2 예배하는 마음으로 성경을 읽도록 돕습니다

《리딩지저스》는 성경이 하나님의 영감으로 기록되었으며, 스스로 권위를 입증하는 말씀이라고 고백합니다. 이러한 신앙고백 위에서 성경이 기록된 원래 목적과 의미를 발견하여 성경 전체에서 예수 그리스도의 복음을 만나도록 돕습니다. 그 복음은 우리를 하나님께 영광을 돌리게 만들고, 이때 성경읽기는 하나님을 영화롭게 하는 예배가 됩니다.

3 삶의 변화로 이어지는 성경의 핵심을 전합니다

《리딩지저스》는 성경의 다양한 내용이 어떻게 하나의 이야기로 조화를 이루는지와 성경의 핵심 메시지와 어떻게 연결이 되는지를 보여 줍니다. 그리고 지금까지 많이 들어온 구약성경의 여러 인물과 이야기들이 어떻게 예수 그리스도를 향해 나아가는지와 어떻게 신약성경과 연결되는지를 안내합니다. 성경의 메시지를 선명히 알고 하나님의 뜻을 깨달을 때, 우리 삶은 진정으로 변화할 것입니다.

《리딩지저스》 활용 예시

| **충현교회 choonghyunchurch.or.kr**
- 《리딩지저스》를 전 교인 성경통독에 활용
- 2022년 2,289명이 성경통독에 참여
- 주일 설교를 통독 일정과 연계하여 진행

| **대구동신교회 ds-ch.org**
- 《리딩지저스》를 훈련교육과정인 성경통독반에 활용
- 2022년 1,300명이 성경통독반에 참여
- 기수별로 통독 참여자를 모집하여 진행

성경통독 활용하기

《리딩지저스》는 성경 전체를 그리스도 중심으로 읽기 원하는 사람은 누구나 쉽게 활용할 수 있습니다. 《리딩지저스》에서 제공하는 45주 성경통독 스케줄에 따라 매일 성경을 읽어 가며 《리딩지저스》 교재와 영상을 성경읽기 길잡이로 삼으세요. 《리딩지저스》를 활용하면 하루에 5장 남짓 성경을 읽으면서 특별한 주간이나 한 권의 교재가 끝날 때마다 한 주씩 쉬어 가더라도 일 년에 성경 일독이 가능합니다.

개인 활용법

그리스도 중심 성경읽기로 일 년에 성경 일독을 실천하고 성경을 정확하고 풍성하게 읽어 나가는 힘을 기를 수 있습니다.

공동체 함께 읽기

공동체가 소그룹으로 함께 모여 성경통독을 할 경우 더욱 풍성하고 효과적인 그리스도 중심 성경읽기를 할 수 있습니다.

전 교인 활용법

전 성도가 함께 그리스도 중심으로 일 년에 성경 일독을 할 수 있습니다.

1

**개인
활용법**

통독 준비

• 《리딩지저스》교재를 준비합니다. 교재는 1권(창세기-여호수아)부터 준비
하여 시작합니다. 먼저 '구약성경 개관'을 읽고 《리딩지저스》와 함께 그
리스도 중심으로 성경을 읽는 것의 큰 그림을 이해합니다.

주일

• '이번 주 성경읽기표'를 확인합니다.
• 이번 주에 해당하는 리딩지저스 영상을 시청합니다. (약 10-13분 소요)
• 성경수업의 레슨 1-5를 읽습니다. (약 15-20분 소요)

월요일—토요일

• 매일에 해당하는 '성경읽기 해설'을 읽고 통독 길잡이로 삼습니다.
• 통독표에 따라 성경을 읽습니다.

마무리

• 3부 성경나눔의 '성경수업 돌아보기' 문제들을 풀어 봅니다.
• '나눔 질문'에 답을 하며, 한 주 동안 깨달은 은혜를 나의 삶에 어떻게 적
용할지 생각해 봅니다.
• '기도로 함께 소망하며'와 '하나님을 향한 찬양'으로 마무리합니다.

소그룹 운영

• 《리딩지저스》교재와 영상을 활용하면 누구나 어렵지 않게 소그룹 리더
  로 섬길 수 있습니다. 적게는 3-4명, 많게는 10-12명으로 소그룹을 구성
  하고, 리더를 정합니다.

주일

• 담당 교역자가 공유하는 리딩지저스 영상 링크를 소그룹 단체 채팅에 공
  유합니다.

월요일—토요일

• 담당 교역자가 공유하는 그날의 '성경읽기 해설'을 소그룹 단체 채팅에
  공유합니다.
• 해당 성경 본문을 다 읽고 '완독' 또는 '창세기 1-5장 다 읽었습니다'라고
  메시지를 남깁니다.
• 성경을 읽고 느낀 은혜를 짧게 나눌 수 있습니다.

모임

• '성경수업 돌아보기' 문제(빈칸 채우기)를 함께 풀어 봅니다.
• '나눔 질문'을 읽고 서로 돌아가며 자신의 이야기를 나눕니다.
• '기도로 함께 소망하며'에 기도 제목을 적고 서로를 위해 기도합니다.
• '하나님을 향한 찬양'의 시편을 함께 읽고 마무리합니다.

3

**전 교인
활용법**

목회 활용

• 《리딩지저스》는 목회의 현장에서 다양하게 활용될 수 있습니다. 특별히
교재와 영상을 활용하며 전 교인 성경통독과 주일 예배 설교가 함께 나
아갈 때 그 열매가 가장 풍성할 것입니다.

새벽 설교

• 1부 성경읽기는 '기본 읽기'와 '핵심 읽기'로 나뉩니다.

• '핵심 읽기'에서 본문을 선택하여 새벽 설교를 준비할 수 있습니다.

주일 설교

• 한 주간 읽은 성경 범위에서 주요 본문을 선택합니다.

• 교재를 참고하여 본문이 담고 있는 그리스도 중심의 핵심을 전달합니다.

• 《리딩지저스》 성경통독을 통해 본문의 문맥을 이해하고 있는 청중에게
메시지를 전달하는 효과가 있습니다.

소그룹

• 주일 오후, 리딩지저스 영상 링크를 소그룹 리더에게 공유합니다.

• 매일 오전, 성경읽기 해설을 소그룹 리더에게 공유합니다. (성경읽기 해설
은 리딩지저스 웹사이트에서 다운로드 가능)

• 간단한 설문을 통해 완독률과 소감 등을 확인하고 나눌 수 있습니다.

웹사이트 readingjesus.net

리딩지저스 웹사이트의 라이브러리를 통해 성경 읽기 해설, 리더 가이드와 교재 관련 자료들을 만날 수 있습니다.

리딩지저스 영상 & 오디오 바이블

스토리텔링 형식으로 구성한 **리딩지저스 영상**을 통해 교재의 성경수업 내용을 보다 쉽게 접근할 수 있습니다. 또한 45주 성경통독 일정에 맞추어 제작된 **오디오 바이블**을 통해 매일의 성경통독 분량을 부담 없이 완독할 수 있습니다.

그리스도 중심
성경읽기
리딩지저스의
독특함과 차별성

컨퍼런스

리딩지저스 컨퍼런스는 그리스도 중심 성경읽기의 중요성을 확인하고 말씀으로 교회가 하나되는 구체적인 사례와 방법론을 제시합니다.

인도자 세미나

리딩지저스 인도자 세미나는 그리스도 중심 성경읽기의 중요성에 공감하여 《리딩지저스》 교재와 영상을 활용하고자 하는 목회자들을 돕기 위해 준비한 프로그램입니다. 1) 전 교인 성경통독, 2) 그리스도 중심 설교, 3) 소그룹 모임 운영을 할 수 있도록 안내합니다.

교재 활용법

《리딩지저스》는 성경을 매일 일정한 분량씩 읽는 **성경읽기**와 성경 각 권을 그리스도 중심으로 해설한 **성경수업**, 그리고 이 두 가지를 바탕으로 한 **성경나눔**으로 구성된 성경공부 교재입니다.

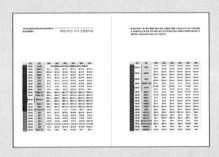

리딩지저스 45주 성경통독표

45주 플랜을 따라 그리스도 중심으로 창세기부터 요한계시록까지 일 년에 일독하는 성경통독표입니다. 45주, 43주, 40주 성경통독표는 웹사이트에서 다운로드할 수 있습니다.

《리딩지저스》 6권 성경읽기 스케줄

매일의 '기본 읽기' 분량과 핵심 주제를 안내하는 스케줄입니다. 6권은 7주 동안 고린도전서부터 요한계시록까지 성경을 통독합니다.

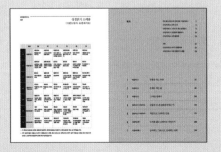

1부 성경읽기

들어가며

이번 주의 1부 성경읽기 범위와 2부 성경수업의 내용을 소개합니다.

리딩지저스 영상 안내

이번 주의 리딩지저스 영상을 소개합니다. QR코드를 찍으면 해당 영상으로 연결됩니다.

이번 주 성경읽기 스케줄

이번 주의 성경읽기 스케줄을 보여 줍니다. '기본 읽기'와 '핵심 읽기' 중 한 가지를 선택하여 그 날의 성경 본문을 읽은 후, 빈칸에 '완독' 표시를 합니다.

성경읽기 해설

그 날 읽을 성경 본문의 내용을 요약한 해설입니다. 리딩지저스 웹사이트의 라이브러리에서도 다운로드할 수 있습니다.

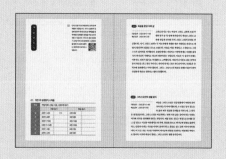

Lesson

이번 주 성경읽기와 함께 읽을 성경수업 내용입니다. 각 레슨은 미국 웨스트민스터 신학교의 "구약성경과 그리스도", "신약성경과 그리스도" 강의를 한국 교회 성도의 눈높이에 맞추어 쉽고 알차게 재구성했습니다.

리딩지저스

'리딩지저스' 페이지는 성경수업에서 다룬 이야기가 어떻게 예수 그리스도를 향해 나아가는지, 그리고 그것이 성도의 삶에 어떤 의미를 부여하는지를 보여 줍니다.

한눈에 보기

이번 주의 성경수업 내용을 한 눈에 볼 수 있도록 압축 요약하여 보여 줍니다. '한눈에 보기'를 읽으며 3부 성경나눔을 시작합니다.

성경수업 돌아보기

2부 성경수업에서 학습한 내용을 확인하는 빈칸 채우기 문제입니다. 오른쪽 페이지 하단의 정답을 참고합니다.

나눔 질문

이번 주 성경읽기와 성경수업을 통해 받은 은혜를 묵상하고 나눌 수 있는 나눔 질문입니다. 여백에 나의 이야기를 적으며, 성경통독 신앙 다이어리로 활용할 수 있습니다.

기도로 함께 소망하며

서로의 기도 제목을 나누고 함께 기도할 수 있도록 안내합니다. 성경통독 기도 수첩으로 활용할 수 있습니다.

하나님을 향한 찬양

하나님께 올려드리는 시편 찬양으로 한 주의 성경읽기, 성경수업, 성경나눔을 마무리합니다.

리딩지저스 6: 고린도전서-요한계시록

다시 오실 예수 그리스도

2022년 4월 22일 초판 1쇄 발행

2023년 8월 1일 2판 2쇄 발행

지은이　브랜든 크로우

편역　　웨스트민스터프레스코리아 편집부

펴낸이　권혁민

주식회사 웨스트민스터프레스코리아

주소　　서울특별시 강동구 천중로 213, 520호

전화　　02-2289-9081

이메일　readingjesus@wts.edu

등록　　2020년 12월 30일

READING JESUS 6

READING JESUS 6

고린도전서-요한계시록: 다시 오실 예수 그리스도

브랜든 크로우

READING
JESUS

그리스도의 구원을 증거하는 삶

《리딩지저스》6권에서는 고린도전서부터 성경 66권의 마지막 책인 요한계시록까지를 통독합니다. 성경수업을 통해서는 바울서신과 일반서신을 잘 이해할 수 있도록 특정 책들을 선정하여 핵심 내용을 살펴볼 것입니다. 《리딩지저스》5권에서는 복음서, 사도행전, 로마서를 통해 불완전한 그림자에서 완전한 실체로 드러나신 예수 그리스도를 이해해 보았습니다. 이어서 6권에서는 예수님의 가르침을 잘 정리하여 신자들의 삶에 적용해 볼 것입니다. 지금까지 다룬 내용이 '구원의 성취'였다면 앞으로 살펴볼 내용은 '구원의 적용'입니다.

먼저 다루게 될 바울서신은 사도 바울이 세우고 섬겼던 여러 교회에 보낸 편지들입니다. 바울서신에는 초대 교회들이 마주했던 여러 문제와 질문에 대한 바울의 복음적 답변이 담겨 있습니다. 그렇기 때문에 바울서신은 현대인들에게 바울 당시의 문화와 관습, 역사와 배경, 삶의 정황을 제공해 줍니다. 우리가 반드시 기억해야 할 중요한 내용은 바울의 복음적 대답의 중심에 예수 그리스도가 있다는 사실입니다. 이처럼 바울서신은 그리스도 중심적인 편지들입니다.

바울서신을 읽다 보면 전체를 아우르는 중요한 주제가 여럿 등장하는 것을 볼 수 있습니다. 바울 신학의 주제들 가운데 가장 중요한 것은 예수 그리스도의 '십자가'와 '부활'입니다. 이 두 축이 없이는 그 어떤 신학적 주제도 의미를 가질 수 없습니다. 그렇기에 바울은 그리스도의 십자가 외에는 자랑할 것이 없다고 말했고(갈라디아서 6:14), 그리스도와 부활의 권능과 그 고난에 참여함을 알고자 달려간다고 말합니다(빌립보서 3:10, 14). 바울의 신학은 철저하게 그리스도 중심적입니다.

특별히 바울은 그리스도의 부활의 중요성을 강조합니다. 그는 고린도전서 15장과 같은 본문을 통해 우리에게 부활의 의미와 그 중요성을 가르쳐 줍니다. 부활의 첫 열매가 되셔서 모든 성도의 부활을 보증해 주시는 예수님을 통해 모든 신자는 참된 소망을 가질 수 있습니다. 그리스도의 부활은 현재를 살아가는 우리에게 살아갈 이유를 제공해 주는 놀라운 사건입니다. 이러한 큰 전제 아래 바울은 여러 주제―직설법과 명령법, 두 세대, 육체와 성령, 아담과 그리스도, 그리스도와의 연합―를 다룹니다. 특히 바울은 에베소서를 통해 그리스도께서 베푸신 구원을 받은 백성이 교회 공동체 안에서 어떻게 살아가야 하는지를 교훈합니다.

일반서신 역시 초대 교회가 당면한 다양한 문제를 다룬 편지입니다. 일반서신 가운데 가장 분량이 긴 히브리서는 예수님의 대제사장직을 잘 설명하는 책입니다. 하나님께 자신의 몸을 제물로 드린 참 대제사장 예수님의 제사를 통해 모든 죄인은 담대하게 하나님 앞에 나아갈 수 있게 되었습니다. 예수님의 피를 힘입어 하나님께 나아가는 성도들은 더 이상 구약의 백성처럼 불순종에 거하지 않고 참된 순종의 삶을 살아가야 합니다. 이 땅에서 수많은 유혹과 어려움이 있더라도 우리는 대제사장이신 그리스도를 바라봐야 합니다.

사랑의 사도인 요한이 기록한 요한일서는 당시 교회가 당면한 거짓 교사들의 문제를 다룹니다. 이 편지에는 예수님이 육체로 오신 것을 인정하지 않는 거짓 교사들을 경계하고 진리 가운데 바로 서라는 권면이 담겨 있습니다. 또한 요한은 사랑의 사도답게 '사랑'에 대한 권면을 성도들에게 전합니다. 예수님의 인성을 부인하던 거짓 교사들은 자신들이 옳다고 주장했습니다. 하지만 요한은 그들이 실제적으로는 사랑이 결핍된 삶을 살았다고 지적합니다. 요한은 눈에 보이지 않는 하나님을 사랑하는 증거는 다름 아닌 눈에 보이는 형제자매를 사랑하고 섬기는 일이라고 강조합니다. 그리스도인들은 죄인들을 위해 자기 아들을 화목 제물로 주신 하나님의 사랑을 기억해야 합니다.

6권이 마지막으로 다루는 책은 요한계시록입니다. 많은 사람들이 요한계시록을 어렵고 난해한 책으로 여깁니다. 하지만 요한계시록은 누구나 읽고 해석할 수 있는 보편적인 책입니다. 요한계시록을 관통하는 중심 주제가 그리스도 안에서 승리하시고 통치하시는 하나님이라는 사실을 이해한다면 우리는 보다 수월하게 이 책에 다가갈 수 있습니다.

요한계시록은 행복한 결말로 끝납니다. 그리스도의 보혈로 구원받은 성도들은 어린 양 예수와 영원히 함께 살며 왕 노릇 할 것입니다. 요한계시록은 우리로 하여금 이 날을 고대하게 합니다. 창세기에서 아담의 죄로 인하여 영원히 죽을 수밖에 없는 인생들이 이제 그리스도의 피로 말미암아 가장 멋지고 아름다운 행복을 소유하게 될 것이라고 말합니다. 이 모든 일의 중심에는 예수 그리스도가 서 계십니다. 그리스도는 성경의 중심이며, 메시지이고, 복음이십니다. 이 예수님이 만물을 회복하실 그날을 고대하며 '마라나타' 소망을 가지고 사는 것, 이것이 바로 그리스도 중심적인 삶입니다.

리딩지저스 45주 성경통독표

	교재	영상	1일차	2일차	3일차	4일차	5일차	6일차
인트로	1권 도입	구약개관	45주 성경통독을 시작하기 전에 구약개관을 먼저 읽거나 시청하세요.					
1주	1권 1강	창세기 1	창 1-4	창 5-8	창 9-12	창 13-16	창 17-20	창 21-24
2주	1권 2강	창세기 2	창 25-28	창 29-32	창 33-36	창 37-40	창 41-45	창 46-50
3주	1권 3강	출애굽기	출 1-6	출 7-12	출 13-19	출 20-26	출 27-33	출 34-40
4주	1권 4강	레위기	레 1-5	레 6-10	레 11-15	레 16-20	레 21-25	레 26-27
5주	1권 5강	민수기	민 1-6	민 7-12	민 13-18	민 19-24	민 25-30	민 31-36
6주	1권 6강	신명기	신 1-6	신 7-12	신 13-18	신 19-24	신 25-29	신 30-34
7주	1권 7강	여호수아	수 1-4	수 5-8	수 9-12	수 13-16	수 17-20	수 21-24
8주	2권 1강	사사기	삿 1-4	삿 5-8	삿 9-12	삿 13-16	삿 17-21	룻 1-4
9주	2권 2강	사무엘상·하 1	삼상 1-5	삼상 6-10	삼상 11-15	삼상 16-20	삼상 21-25	삼상 26-31
10주	2권 3강	사무엘상·하 2	삼하 1-4	삼하 5-8	삼하 9-12	삼하 13-16	삼하 17-20	삼하 21-24
11주	2권 4강	열왕기상·하	왕상 1-4	왕상 5-7	왕상 8-10	왕상 11-14	왕상 15-18	왕상 19-22
12주			왕하 1-4	왕하 5-8	왕하 9-12	왕하 13-16	왕하 17-20	왕하 21-25
13주	2권 5강	역대상·하	대상 1-5	대상 6-10	대상 11-15	대상 16-20	대상 21-25	대상 26-29
14주	2권 6강	유배기	대하 1-6	대하 7-12	대하 13-18	대하 19-24	대하 25-30	대하 31-36
15주	2권 7강	에스라·느헤미야·에스더	스 1-5	스 6-10	느 1-6	느 7-13	에 1-5	에 6-10
16주	3권 1강	욥기	욥 1-7	욥 8-14	욥 15-21	욥 22-28	욥 29-35	욥 36-42
17주	3권 2강	시편 1	시 1-6	시 7-12	시 13-18	시 19-24	시 25-30	시 31-36
18주	3권 3강	시편 2	시 37-42	시 43-48	시 49-54	시 55-60	시 61-66	시 67-72
19주	3권 4강	시편 3	시 73-78	시 79-84	시 85-90	시 91-96	시 97-102	시 103-109
20주	3권 5강	시편 4	시 110-115	시 116-120	시 121-125	시 126-130	시 131-140	시 141-150
21주	3권 6강	잠언	잠 1-5	잠 6-10	잠 11-15	잠 16-20	잠 21-25	잠 26-31
22주	3권 7강	전도서·아가	전 1-3	전 4-6	전 7-9	전 10-12	아 1-4	아 5-8

• 《리딩지저스》는 개 교회의 상황에 맞추어 통독 스케줄을 선택할 수 있도록 45주, 43주, 40주의 플랜을 제공합니다. 한 해 동안 우리 교회의 일정, 절기 및 특별 주간을 고려하여 선택하길 바랍니다. 성경통독표는 웹사이트에서 다운로드할 수 있습니다.

	교재	영상	1일차	2일차	3일차	4일차	5일차	6일차
23주	4권 1강	이사야	사 1-5	사 6-10	사 11-15	사 16-20	사 21-25	사 26-30
24주			사 31-36	사 37-42	사 43-48	사 49-54	사 55-60	사 61-66
25주	4권 2강	예레미야	렘 1-5	렘 6-10	렘 11-15	렘 16-20	렘 21-25	렘 26-30
26주			렘 31-35	렘 36-40	렘 41-45	렘 46-50	렘 51-52	애 1-5
27주	4권 3강	에스겔	겔 1-4	겔 5-8	겔 9-12	겔 13-16	겔 17-20	겔 21-24
28주			겔 25-28	겔 29-32	겔 33-36	겔 37-40	겔 41-44	겔 45-48
29주	4권 4강	묵시문학과 다니엘	단 1-4	단 5-8	단 9-12	호 1-5	호 6-10	호 11-14
30주	4권 5강	소선지서	욜 1-암 3	암 4-9	옵 1-욘 4	미 1-7	나 1-합 3	습 1-3
31주			학 1-2	슥 1-5	슥 6-10	슥 11-14	말 1-2	말 3-4
32주	5권 1강	복음서 1	마 1-3	마 4-6	마 7-9	마 10-12	마 13-15	마 16-18
33주	5권 2강	복음서 2	마 19-21	마 22-24	마 25-28	막 1-5	막 6-10	막 11-16
34주	5권 3강	복음서 3	눅 1-4	눅 5-8	눅 9-12	눅 13-16	눅 17-20	눅 21-24
35주	5권 4강	복음서 4	요 1-4	요 5-8	요 9-12	요 13-16	요 17-19	요 20-21
36주	5권 5강	사도행전 1	행 1-3	행 4-5	행 6-8	행 9-10	행 11-13	행 14-15
37주	5권 6강	사도행전 2	행 16-18	행 19-20	행 21-22	행 23-24	행 25-26	행 27-28
38주	5권 7강	로마서	롬 1-3	롬 4-6	롬 7-8	롬 9-11	롬 12-14	롬 15-16
39주	6권 1강	바울 서신 1	고전 1-4	고전 5-8	고전 9-12	고전 13-16	고후 1-3	고후 4-6
40주	6권 2강	바울 서신 2	고후 7-9	고후 10-13	갈 1-6	엡 1-3	엡 4-6	빌 1-4
41주	6권 3강	바울 서신 3	골 1-4	살전 1-5	살후 1-3	딤전 1-6	딤후 1-4	딛-몬
42주	6권 4강	일반 서신 1(히브리서)	히 1-3	히 4-6	히 7-9	히 10-13	약 1-3	약 4-5
43주	6권 5강	일반 서신 2(요한일서)	벧전 1-5	벧후 1-3	요일 1-3	요일 4-5	요이-요삼	유다서
44주	6권 6강	요한계시록 1	계 1	계 2-3	계 4-5	계 6-7	계 8-9	계 10-11
45주	6권 7강	요한계시록 2	계 12-13	계 14-15	계 16-17	계 18-19	계 20-21	계 22

성경읽기 스케줄
(고린도전서-요한계시록)

	영상	월	화	수	목	금	토
1주	바울서신 1	**고전 1-4** 복음을 받은 자의 삶	**고전 5-8** 그리스도인의 생활 윤리	**고전 9-12** 모든 것은 그리스도와 주의 교회를 위하여	**고전 13-16** 그리스도의 부활이 주는 의미	**고후 1-3** 모든 위로의 하나님	**고후 4-6** 새롭게 하시는 주의 은혜
2주	바울서신 2	**고후 7-9** 실천하는 이웃 사랑을 보여준 고린도 교회	**고후 10-13** 복음을 전하는 것만이 유일한 목표	**갈 1-6** 오직 그리스도로 말미암아 얻는 구원	**엡 1-3** 그리스도의 몸된 교회	**엡 4-6** 교회가 교회답기 위해서 해야 할 것들	**빌 1-4** 주 안에서 기뻐하라!
3주	바울서신 3	**골 1-4** 위의 것을 찾으라	**살전 1-5** 깨어 정신을 차릴지라!	**살후 1-3** 굳건하라!	**딤전 1-6** 그리스도의 일꾼으로 살아가려면	**딤후 1-4** 하나님의 일꾼으로 자신을 드리기	**딛 1-3, 몬 1** 하나님의 사람들에게
4주	일반서신 1 (히브리서)	**히 1-3** 탁월하신 그리스도 1	**히 4-6** 탁월하신 그리스도 2	**히 7-9** 새 언약의 대제사장	**히 10-13** 그리스도를 믿는다는 것	**약 1-3** 그리스도인의 믿음과 삶	**약 4-5** 하나님을 가까이 하는 삶
5주	일반서신 2 (요한일서)	**벧전 1-5** 따르라, 멀리 하라, 바라보라!	**벧후 1-3** 재림 신앙을 간직하며 살아가는 법	**요일 1-3** 빛 가운데 거하는 이들의 삶	**요일 4-5** 죄악과 공존할 수 없는 사람들	**요이 1, 요삼 1** 요한의 따뜻한 권면	**유 1** 마지막 때에 경계해야 할 것들
6주	요한계시록 1	**계 1** 예수 그리스도의 계시라	**계 2-3** 일곱 교회에게 보낸 편지	**계 4-5** 하늘 보좌에서 경배를 받으시는 어린 양	**계 6-7** 시작된 심판, 그리고 구원받은 십사만 사천 명	**계 8-9** 일곱 나팔	**계 10-11** 일곱째 천사와 일곱째 나팔
7주	요한계시록 2	**계 12-13** 붉은 용과 두 짐승의 환상	**계 14-15** 마지막 심판이 시작되고	**계 16-17** 큰 음녀에게 임할 심판	**계 18-19** 짐승과 거짓 선지자가 심판을 받다	**계 20-21** 새 예루살렘에서 맛볼 영원한 위로	**계 22** 아멘, 주 예수여 오시옵소서!

- 이 책에서 인용한 성경은 대한성서공회의 개역개정판을 따랐으며, 다른 판본은 따로 표기하였습니다.
- 2부 성경수업의 내용은 독자의 이해를 돕기 위해, 웨스트민스터 신학교의 로마서 강의 내용을 토대로 웨스트민스터 프레스 코리아의 편집진에 의해 재구성되었습니다.

목차

미국 웨스트민스터 신학교와 '리딩지저스'　　　2

《리딩지저스》 교재 소개　　　6

《리딩지저스》 그리스도 중심 성경읽기　　　8

《리딩지저스》 성경통독 활용하기　　　10

《리딩지저스》 교재 활용법　　　15

서문　　　22

《리딩지저스》 45주 성경통독표　　　26

《리딩지저스》 6권 성경읽기 스케줄　　　28

1　바울서신 1　　　부활을 사는 우리　　　32

2　바울서신 2　　　은혜로 사는 삶　　　66

3　바울서신 3　　　그 아들 안에서　　　106

4　일반서신 1 (히브리서)　　　믿음의 주, 온전하게 하시는 이　　　138

5　일반서신 2 (요한일서)　　　사랑으로 드러나는 믿음　　　174

6　요한계시록 1　　　두려움 없는 소망으로 나아가기　　　208

7　요한계시록 2　　　승리하는 그리스도, 승리하는 교회　　　244

1

바울서신 1

성경읽기 고린도전서 1-16장, 고린도후서 1-6장
성경수업 부활을 사는 우리
성경나눔

Lesson 1 바울서신의 핵심 주제
Lesson 2 부활의 승리
Lesson 3 첫 열매로서 부활하신 예수님
Lesson 4 살려 주는 영
Lesson 5 부활을 사는 우리

바울서신 1에
들어가며

'바울서신'은 사도 바울이 교회와 개인에게 쓴 편지를 지칭합니다. 총 열세 편의 편지 가운데 아홉 편(로마서, 고린도전후서, 갈라디아서, 에베소서, 빌립보서, 골로새서, 데살로니가전후서)은 교회에 쓴 편지이고, 네 편(디모데전후서, 디도서, 빌레몬서)은 개인에게 쓴 편지입니다. 바울서신은 신약성경에서 사복음서와 사도행전을 제외한 나머지 성경 가운데 60퍼센트를 차지하는데, 이로써 우리는 바울이 예수 그리스도의 사도로서 매우 중요한 위치에 놓여 있음을 알 수 있습니다.

바울서신을 연구해 온 저명한 신학자 헤르만 리델보스는 바울서신의 가르침을 훌륭한 건물에 비유하면서 그 건물로 들어가는 문이 여러 개라고 말합니다. 그리고 그 여러 개의 입구 중에서 바울서신의 핵심 내용으로 들어갈 수 있는 문이 어떤 문인지 알아야 한다고 설명합니다. 즉, 방대한 내용 중에서 그 핵심이 무엇인지를 먼저 질문하라는 것이죠. 그럴 때 우리는 길을 잃지 않고 '바울서신'이라는 건물 전체를 살펴볼 수 있게 됩니다.

이번 주는 고린도전서 1장에서 고린도후서 6장까지를 통독합니다. 성경수업을 통해서는 열세 편의 바울서신이 공통적으로 무엇을 가르치는지 살펴보겠습니다.

리딩지저스 6권 1강: 바울서신 1

QR코드를 찍으면 '바울서신 1' 리딩지저스 영상으로 바로 연결됩니다. 또는 유튜브에서 '리딩지저스 바울서신 1'을 검색하여 시청할 수 있습니다. '성경읽기'와 '성경공부'를 시작하기 전에 리딩지저스 영상을 시청하면 도움이 됩니다.

QR코드를 찍으면 **리딩지저스 오디오 바이블**로 연결됩니다. 45주 성경통독 일정에 맞추어 제작된 **오디오 바이블**을 통해 매일의 성경통독 분량을 부담 없이 완독할 수 있습니다. 그리스도 중심 성경읽기 《리딩지저스》와 함께하는 성경통독을 통해 하나님과 동행하는 하루하루가 되기를 소망합니다.

이번 주 성경읽기 스케줄

주일	리딩지저스 영상 시청, 성경수업 읽기			
	기본 읽기		**핵심 읽기**	
월	고전 1-4장	완독	고전 2장	
화	고전 5-8장		고전 8장	
수	고전 9-12장		고전 12장	
목	고전 13-16장		고전 15장	
금	고후 1-3장		고후 3장	
토	고후 4-6장		고후 5장	

1일차 복음을 받은 자의 삶

기본 읽기 고린도전서 1-4장
핵심 읽기 고린도전서 2장

고린도전서는 사도 바울이 고린도 교회에 보낸 두 편의 편지 중 첫 번째 편지입니다. 바울은 고린도 교회에 반갑게 인사한 후에 고린도 교회의 분쟁을 언급합니다. 당시 고린도 교회는 각 지도자에게 세례를 받은 사람들을 중심으로 파벌이 형성되어 있었던 것으로 보입니다. 바울은 이를 책망하고 그 대안으로 그리스도의 십자가를 제시합니다. 유대인에게는 거리끼고 이방인에게는 미련한 십자가가 하나님의 지혜이고 최고의 대안이라는 것입니다. 바울은 이 십자가 외에는 아무것도 전하지 않기로 작정했다고 고백합니다. 바울이나 아볼로 같은 동역자들이 복음을 심고 물을 주더라도 자라게 하시는 분은 하나님이시며, 자신들은 동역자에 불과하다고 이야기합니다. 그리고 그리스도의 복음을 전하는 일꾼이 되어 신실하게 복음을 전하라고 재차 권면합니다.

2일차 그리스도인의 생활 윤리

기본 읽기 고린도전서 5-8장
핵심 읽기 고린도전서 8장

바울은 그리스도인은 일상생활에서 어떻게 살아가야 하는지 이야기합니다. 5-8장은 당시 성도들의 삶과 매우 밀접한 문제들을 다루는데, 그 원칙은 한결같습니다. 그리스도인은 비신자와는 전혀 다른 삶을 살아야 하는 사람들이기에 죄악을 멀리해야 한다는 것입니다. 예를 들면, 성도는 법정으로 문제를 끌고 갈 정도로 서로를 미워해서는 안 되며, 정결한 몸으로 하나님께 영광을 돌려야 하고, 남편과 아내는 서로를 아끼며 살아야 하고, 혼인은 성도 간에 이루어져야 합니다. 이 모든 것은 서로를 사랑하며 하나님께 영광을 돌린다는 대전제를 바탕으로 합니다. 이것이 바울이 말하는 그리스도인의 생활 방식입니다.

3일차 모든 것은 그리스도와 주의 교회를 위하여

기본 읽기 고린도전서 9-12장
핵심 읽기 고린도전서 12장

바울은 예수님의 공생애 동안 예수님을 직접 따르며 배운 사람이 아닙니다. 당시 많은 사람들은 바로 이러한 사실 때문에 바울의 사역에 이의를 제기했던 것 같습니다. 9장에서 바울은 자신의 사역을 변호하면서 복음을 전하는 것을 우선순위에 두는 자기 사역의 방향을 설명합니다. 그리고 10장에서 바울은 우상숭배를 피하라고 강하게 권면하며 "무엇을 하든지 다 하나님의 영광을 위하여 하라"(10:31)라는 대원칙을 제시합니다. 11장에서 바울은 남녀 사이의 질서와 교회 안의 분쟁에 대하여 언급한 후에 바른 성만찬의 의미를 제시합니다. 12장에서 바울은 성령의 은사에 대하여 언급합니다. 바울은 은사는 여러 가지이지만 그 은사를 통해 하나님이 교회를 세워 가신다고 가르칩니다.

4일차 그리스도의 부활이 주는 의미

기본 읽기 고린도전서 13-16장
핵심 읽기 고린도전서 15장

바울은 가장 큰 은사는 '사랑'이라고 말합니다. 그 어떤 능력이 있더라도 사랑이 없다면 소용없기 때문입니다. 바울은 하나님이 주신 은사는 철저하게 하나님의 교회를 위하여 사용해야 하기에 은사를 사용할 때는 주의해야 한다고 언급하면서 교회에 덕을 세우기 위하여 노력하라고 권면합니다. 이어서 등장하는 고린도전서 15장은 그리스도의 부활에 대하여 상당히 많은 분량을 할애합니다. 바울은 그리스도께서 부활하셔서 잠자는 자들의 첫 열매가 되셨음을 말합니다. 그리고 아담과 그리스도를 비교하며 첫 사람의 실패를 그리스도께서 승리로 바꾸셨다고 선언합니다. 이후 성도를 위한 연보에 대하여 간단히 조언한 바울은 고린도 교회에 따뜻한 인사를 건네며 첫 번째 편지를 마무리합니다.

5일차 모든 위로의 하나님

기본 읽기 고린도후서 1-3장
핵심 읽기 고린도후서 3장

고린도후서는 바울이 고린도 교회에 보낸 두 번째 편지입니다. 고린도 교회가 겪고 있는 다양한 문제들을 지적한 고린도전서와 달리 고린도후서에서 바울은 자신의 사역을 변호하고 성도들을 위로합니다. 바울은 1장을 시작하면서 하나님이 자비의 아버지이시고 모든 위로의 하나님이심을 말하며 교회를 위로합니다. 교회를 위로하는 바울의 심정은 1장 후반부와 2장에 절실히 드러납니다. 이후 바울은 3장에서 하나님이 우리를 그리스도의 일꾼으로 사용하기를 원하신다고 말하면서 율법을 지키던 구약 성도들이 하나님과 그분의 영광에 주목하지 못했음을 지적합니다. 주의 영이 계시는 곳에는 자유가 있다는 바울의 말이 우리에게도 위로가 되기를 바랍니다.

6일차 새롭게 하시는 주의 은혜

기본 읽기 고린도후서 4-6장
핵심 읽기 고린도후서 5장

바울은 우리를 흙으로 구운 소박한 '질그릇'으로, 그리스도의 복음을 '보배'로 설명하면서 하나님의 은혜를 명쾌하게 설명합니다. 우리는 오직 예수님을 위하여 살아야 하며, 그렇게 살 때 하나님이 우리 가운데 역사하실 것이라고 말합니다. 바울은 우리의 겉사람은 낡아지지만 속사람은 날로 새로워지니 우리는 낙심하지 않을 것이라고 말합니다. 우리 육신은 낡아서 끝내 없어질 것이지만, 하늘에 예비된 장막이 있기에 우리는 소망하며 살아갈 수 있다는 것입니다. 우리는 살아 계신 하나님의 성전이기에 믿지 않는 사람들과 함께할 수 없고 어떤 고난과 어려움 속에서도 진리의 말씀을 전할 수 있다는 바울의 권면은 수많은 고난과 어려움에 노출된 당시 신약 성도들에게 큰 위로가 되었을 것입니다. 그리고 이 권면은 오늘도 유효합니다.

2부

성/경/수/업

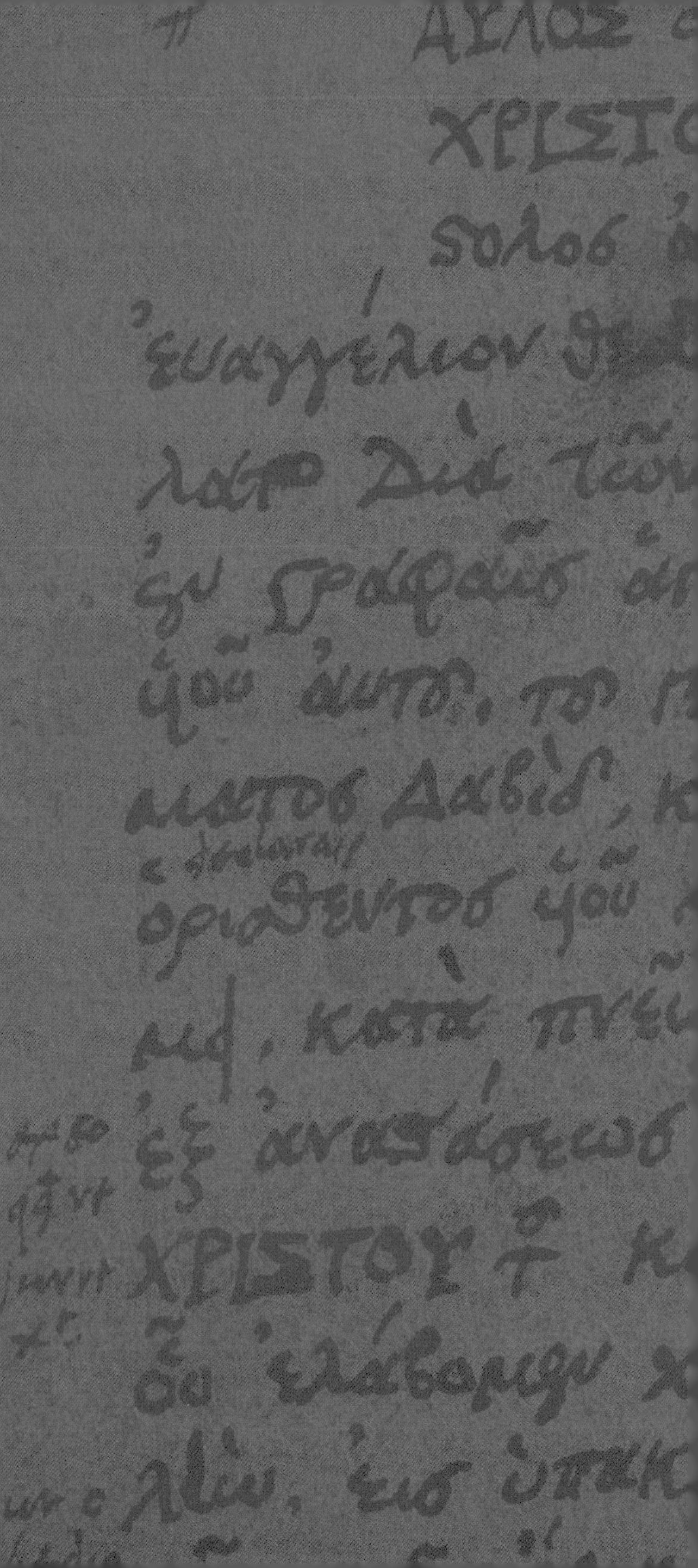

부활을 사는
우리

사망이 한 사람으로 말미암았으니
죽은 자의 부활도
한 사람으로 말미암는도다
고린도전서 15장 21절

Lesson 1　바울서신의 핵심 주제

그리스도의
죽음과 부활

바울은 바울서신에서 수신자의 사정과 상황에 맞추어 여러 주제를 다룹니다. 교회 안의 분열, 성적 부도덕, 우상에게 바친 음식을 먹는 문제, 성만찬과 예배 의식, 거짓 교사와 이단, 참된 교회와 성도의 삶 등 기독교 신앙과 관련한 거의 모든 영역을 다룹니다. 그리고 이러한 다양한 주제들 가운데서 '예수 그리스도의 죽음과 부활'이 핵심 내용으로 등장합니다.

　바울서신의 전체 내용을 원 모양으로 설명한다고 할 때, 원의 중심에 있는 것이 바로 '그리스도의 죽음과 부활'입니다. 바울서신의 핵심 메시지는 예수 그리스도가 어떤 분이며, 구원을 위해 그분이 무엇을 행하셨는지, 그분이 성취하신 구원에 우리가 어떻게 참여하는지, 나아가 이것이 성도의 삶과 다가올 종말에 어떻게 연결되는지에 잇닿아 있습니다.

　　형제들아 내가 너희에게 나아가 하나님의 증거를 전할 때에 말과 지혜의 아름다운 것으로 아니하였나니 내가 너희 중에서 예수 그리스도와 그가 십자가에 못 박히신 것 외에는 아무것도 알지 아니하기로 작정하였음이라(고린도전서 2:1-2)

PAULUS UOCATUS APOSTOLUS
XPI IHU PER UOLUNTATEM DI
ET SOSTINENS FRATER ECCLESIE
DI QUAE EST CORINTHI
SANCTIFICATIS IN XPO IHU
UOCATIS SOS
CUM OMNIBUS QUI INUOCANT
NOMEN DNI NRI IHU XPI
IN OMNI LOCO IPSORUM
ET NOSTRO
GRATIA UOBIS ET PAX A DO
PATRE NOSTRO ET DNO IHU XPO
GRATIAS AGO DO MEO SEMPER
PRO UOBIS
IN GRATIA DI QUAE DATA EST
UOBIS IN XPO IHU
QUIA IN OMNIBUS DIUITES
FACTI ESTIS IN ILLO
IN OMNI UERBO ET IN OMNI
SCIENTIA
SICUT TESTIMONIUM XPI
CONFIRMATUM IN UOBIS
ITA UT NIHIL UOBIS DESIT
IN ULLA GRATIA
EXPECTANTIBUS REUELATIONEM
DNI NRI IHU XPI
QUI ET CONFIRMAUIT UOS
USQ AD FINEM SINE CRIMINE
IN DIE ADUENTUS DNI NRI IHU XPI
FIDELIS DS PER QUEM UOCATI
ESTIS IN SOCIETATEM FILII EIUS
IHU XPI DNI NRI
OBSECRO AUTEM UOS FRATRES
PER NOMEN DNI NRI IHU XPI
UT IDIPSUM DICATIS OMNES
UT NON SINT IN UOBIS SCISMATA
SITIS AUTEM PERFECTI
IN EODEM SENSU ET IN
EADEM SCIENTIA
SIG NIFICATUM EST ENIM MIHI
DE UOBIS FRATRES MEI
AB HIS QUI SUNT CLOES
QUIA CONTENTIONES
INTER UOS SUNT

HOC AUTEM DICO
QUOD UNUS QUISQUE UESTRUM
DICIT
EGO QUIDEM SUM PAULI
EGO AUTEM APOLLO
EGO UERO CEPHAE
EGO AUTEM XPI
DIUISUS EST XPS
NUM QUID PAULUS CRUCIFIXUS
EST PRO UOBIS
AUT IN NOMINE PAULI
BAPTIZATI ESTIS
GRATIAS AGO DO QUOD NEMINEM
UESTRUM BAPTIZAUI
NISI CRISPUM ET CAIUM
NE QUIS DICAT QUOD IN NOMINE
MEO BAPTIZATI SITIS
BAPTIZAUI AUTEM
ET STEFANAE DOMUM
CETERUM NESCIO SI QUEM
ALIUM BAPTIZAUERIM
NON ENIM MISIT ME XPS
BAPTIZARE SED EUANGELIZARE
NON IN SAPIENTIA UERBI
UT NON EUACUETUR CRUX XPI
UERBUM ENIM CRUCIS
PEREUNTIBUS QUIDEM
STULTITIA EST
HIS AUTEM QUI SALUI FIUNT
ID EST NOBIS UIRTUS DI EST
SCRIPTUM EST ENIM
PERDAM SAPIENTIAM
SAPIENTIUM
ET PRUDENTIAM PRUDENTIUM
REPROBABO
UBI SAPIENS UBI SCRIBA
UBI INQUISITOR HUIUS SAECULI
NONNE STULTAM FECIT DS
SAPIENTIAM HUIUS MUNDI
NAM QUIA IN DI SAPIENTIAM
NON COGNOUIT MUNDUS
PER SAPIENTIAM DI
PLACUIT DO PER STULTITIAM
PRAEDICATIONIS SALUOS FACERE

바울은 서신서 전반에 걸쳐 예수 그리스도의 **십자가**를 자랑하면서 동시에 그분의 **부활**의 중요성도 강조합니다.

바울은 위의 구절에서 "~외에는 아무것도"라는 매우 배타적인 언어를 사용합니다. 이는 바울이 사도로서 그의 사역에서 분명하게 강조하고자 하는 요소가 무엇인지를 보여 줍니다. 곧 바울이 가장 중요하게 생각하는 것은 "예수 그리스도와 그가 십자가에 못 박히신 것"입니다. 비슷한 맥락에서 갈라디아서 6장 14절은 이렇게 말합니다.

> 그러나 내게는 우리 주 예수 그리스도의 십자가 외에 결코 자랑할 것이 없으니…(갈라디아서 6:14)

바울은 자신에게 자랑할 것이 없지만 딱 한 가지 예외가 있다고 말합니다. 바로 "예수 그리스도의 십자가"입니다. 바울은 오직 십자가에 못 박히신 그리스도를 자랑합니다. 바울서신서 전반에 걸쳐 예수 그리스도의 십자가를 자랑하는 바울은 이와 함께 예수님의 부활의 중요성도 강조합니다.

> 내가 받은 것을 먼저 너희에게 전하였노니 이는 성경대로 그리스도께서 우리 죄를 위하여 죽으시고 장사 지낸 바 되셨다가 성경대로 사흘 만에 다시 살아나사(고린도전서 15:3-4)

본문에서 "먼저"는 시간적 의미보다는 질적인 의미로서 '가장 중요한 것'(of first importance)을 의미합니다. 이는 그리스도의 죽음과 부활이 "성경대로" 일어난 사건이며 구약성경을 최종적으로 성취했다는 의미입니다. 바울은 더 나아가 이 사건이 "우리 죄"와 연관되어 있다고 분명하게 말합니다. 그리스도의 죽음과 부활은 죄인인 인간의 구원에 대한 구약성경의 성취로서 바울서신의 핵심입니다.

부활의 승리

**만일 부활이
없다면**

교회 역사 가운데서 그리스도의 구원과 행하신 일을 들여다볼 때, 가장 중점을 두는 부분은 '예수님의 죽음'입니다. 그리스도께서 우리를 대속해 죽으셨고, 이로써 하나님의 진노를 제거하며 우리 죗값을 지불하셨다는 것을 논증하는 과정은 매우 중요할 뿐만 아니라 필수적입니다. 그에 비해 그리스도의 부활이 어떻게 우리의 구원을 위한 것인지, 교리와 신학적으로 어떤 중요성이 있는지에 대해서는 충분히 설명하지 못하는 경우가 많았습니다. 그렇다면 바울서신은 부활의 의미에 대해 어떻게 설명하고 있을까요?

사도 바울이 편지를 보낸 교회들이 안고 있던 심각한 문제 중 하나는 복음의 핵심을 왜곡하는 것이었습니다. 특히 고린도 교회 안에는 부활이 없다고 주장하거나, 그리스도인이 되는 것과 예수님의 부활 사이에 아무런 관계가 없다고 생각하는 사람들이 있었습니다. 바울은 이러한 주장에 동의할 수 없었습니다. 예수님의 부활은 그분의 십자가 사건과 마찬가지로 복음의 핵심을 이루기 때문입니다.

그래서 바울은 고린도전서 15장을 통해 부활의 의미를 자세히 설명합

바울은 예수님이 **부활**하지 않으셨다면 그분의 **죽음** 또한 무의미한 것이라고 강조합니다.

니다. 그는 사도들 외에도 예수님의 부활을 목격한 증인이 수백 명이나 된다고 말합니다(고린도전서 15:6). 또한 예수님이 부활하지 않으셨다면 그분의 죽음 또한 무의미한 것이라고 강조합니다.

> 그리스도께서 다시 살아나신 일이 없으면 너희의 믿음도 헛되고 너희가 여전히 죄 가운데 있을 것이요 또한 그리스도 안에서 잠자는 자도 망하였으리니 만일 그리스도 안에서 우리가 바라는 것이 다만 이

세상의 삶뿐이면 모든 사람 가운데 우리가 더욱 불쌍한 자이리라(고린도전서 15:17-19)

만약 예수님이 부활하지 않으셨다면 죽음은 끝내 극복할 수 없는 죄의 결과로 남아 있었을 것입니다. 우리 또한 여전히 죄 가운데 있게 되었을 것입니다. 죄인인 우리가 마땅히 받아야 하는 죄의 삯인 "사망"(로마서 6:23)이 우리에게 그대로 남아 있게 되기 때문입니다. 그래서 바울은 부활이 없이는 그리스도의 죽음이 무용지물이라고 말합니다. 죽은 상태로 무덤 안에 있는 그리스도, 죽은 자로서의 그리스도는 우리의 구원을 위해 아무것도 성취할 수 없기 때문입니다. 하지만 예수님은 죄와 사망의 권세를 이기고 부활하셨습니다. 예수님이 죄의 문제를 완전히 해결하시고 새 생명의 근원이 되신 것입니다.

Lesson 3 첫 열매로서 부활하신 예수님

부활의 보증

예수 그리스도의 부활이 성도들에게 어떤 의미인지 더 깊이 이해할 수 있도록 돕는 표현이 있습니다. 바로 '첫 열매'입니다. 이 표현은 농사와 관련한 용어로서 구약성경을 배경으로 삼고 있습니다. 이스라엘 백성은 매해 첫 열매를 하나님께 바쳤는데, 이 일은 곡물을 처음 수확하는 이른 봄, 즉 초실절에 이루어졌습니다. 그들은 수확의 첫 분량을 하나님께 감사함으로 바치면서 첫 열매 이후에 있을 모든 열매가 하나님께 속한다는 사실을 고백했습니다(출애굽기 23:19; 레위기 23:10).

여기서 '첫'이라는 단어는 가장 먼저 수확했다는 의미를 넘어 '연결과 연합'의 개념을 포함합니다. 첫 열매는 앞으로 얻게 될 전체 수확물의 일부입니다. 따라서 첫 열매는 전체 수확물과 분리해서 생각할 수 없습니다. 바울은 '첫 열매'라는 표현을 사용해서 '그리스도의 부활'을 설명합니다.

> 그러나 이제 그리스도께서 죽은 자 가운데서 다시 살아나사 잠자는 자들의 첫 열매가 되셨도다(고린도전서 15:20)

그해의 농사에서 첫 열매는 앞으로 수확할 열매가 더 있다는 것을 보증합니다. 그런 의미에서 첫 열매는 대표성을 지닙니다. 바울은 첫 열매가 전체 수확과 연합하여 분리될 수 없듯이, 예수님의 부활은 첫 열매가 되어 그와 연합한 성도들의 부활을 보증한다고 설명합니다. 역사 속에서 실제로 일어난 예수님의 부활과 미래에 있을 성도들의 부활은 별도의 사건이 아니라, 하나의 큰 수확처럼 동일한 사건으로 연결된 이야기인 것이죠. 따라서 그리스도의 부활이 사실인 것처럼 성도들의 부활 또한 의심할 여지가 없는 놀라운 사건입니다.

주 예수를 다시 살리신 이가 예수와 함께 우리도 다시 살리사 너희와 함께 그 앞에 서게 하실 줄을 아노라(고린도후서 4:14)

부활의 첫 열매가 되신 예수님은 그분과 연합한 신자들의 부활을 보증하십니다. 예수 그리스도를 죽은 자 가운데서 살리신 하나님이 그분과 연합한 성도들을 반드시 다시 살리실 것입니다.

Lesson 4   살려 주는 영

마지막 아담

바울이 부활에 대해 가르치며 사용한 또 다른 표현이 있습니다. 바로 "살려 주는 영"입니다.

> 기록된 바 첫 사람 아담은 생령이 되었다 함과 같이 마지막 아담은 살려 주는 영이 되었나니(고린도전서 15:45)

바울은 이 본문에서 '첫 사람인 아담'과 '마지막 아담이신 예수님'을 대조합니다. 우리가 잘 알고 있듯이 하나님이 첫 사람으로 아담을 만드시고 그 코에 생기를 불어넣자 그가 "생령", 즉 '살아 있는 영'(living spirit)이 되었습니다. 아담은 하나님의 형상으로 지음받은 영적인 존재이자 살아 있는 영이었습니다. 하지만 첫 사람 아담은 죄로 인하여 죽음에 이르렀고, 아담의 자손인 모든 사람은 아담의 뒤를 따라 죽음의 영역에서 벗어날 수 없게 되었습니다. 바울은 고린도전서 15장 46-47절에서 첫 아담의 특징을 말합니다.

그러나 먼저는 신령한 사람이 아니요 육의 사람이요 그 다음에 신령
한 사람이니라 첫 사람은 땅에서 났으니 흙에 속한 자이거니와 둘째
사람은 하늘에서 나셨느니라(고린도전서 15:46-47)

아담은 땅에서 태어나 흙에 속한 '육의 사람'입니다. 육의 사람의 특징
인 혈과 육은 썩기 때문에 그는 하나님 나라를 유업으로 받지 못하게 됩
니다. 반면에 새 인류의 대표이자 마지막 아담으로 오신 예수 그리스도는
"살려 주는 영", 즉 생명을 주는 영(life-giving spirit)으로 오셨습니다. 그분
은 첫 아담 안에서 죄로 인하여 죽음에 이르게 된 자들을 살려 주고 그들
에게 생명을 주는 분으로 오셨습니다. 따라서 첫 아담과 연합하여 사망의
권세 아래 있는 사람일지라도 예수님과 연합하면 생명의 능력 아래 거하
게 됩니다. "마지막 아담"은 '첫 아담'과 다르게 신령(spiritual)하시며 '하늘
에서 나신 분'입니다. 그분은 하늘에 속하셨기 때문에 하나님 나라를 유업
으로 받게 하시는 분입니다.

그렇다면 마지막 아담이신 예수 그리스도께서 생명을 주시는 것과 부활
은 어떻게 연결될까요? 첫 아담과 마지막 아담에 대한 바울의 생각을 한눈
에 볼 수 있는 구절이 있습니다.

사망이 한 사람으로 말미암았으니 죽은 자의 부활도 한 사람으로 말
미암는도다 아담 안에서 모든 사람이 죽은 것같이 그리스도 안에서
모든 사람이 삶을 얻으리라(고린도전서 15:21-22)

첫 아담으로 인하여 사망이 온 것처럼 부활 역시 '한 사람'으로 인하여
오게 됩니다. 그 한 사람은 바로 '예수 그리스도'이십니다. 바울은 부활이

있기 때문에 그리스도께서 우리에게 생명을 주시는 분이 된다고 강조합
니다.

부활을 사는 우리

바울서신은 미래에 있을 성도들의 부활뿐만 아니라 과거와 현재 시점에서
의 부활을 묘사하기도 합니다. 대표적인 구절이 에베소서 2장 5절입니다.

　　　허물로 죽은 우리를 그리스도와 함께 살리셨고(에베소서 2:5)

　이 말씀은 그리스도를 믿는 성도들이 이미 죽음에서 생명으로 옮겨져
그리스도와 함께 부활의 삶을 살고 있다는 뜻입니다. 하나님은 예수 그리
스도를 죽은 자 가운데서 살리신 것처럼 그와 연합된 우리를 새 생명 가운
데 걷게 하시며, 속사람이 날마다 새로워지는 부활을 누리도록 은혜를 베
풀어 주십니다.

　　　그러므로 우리가 그의 죽으심과 합하여 세례를 받음으로 그와 함께
　　　장사되었나니 이는 아버지의 영광으로 말미암아 그리스도를 죽은 자
　　　가운데서 살리심과 같이 우리로 또한 새 생명 가운데서 행하게 하려
　　　함이라(로마서 6:4)

그러므로 우리가 낙심하지 아니하노니 우리의 겉사람은 낡아지나 우리의 속사람은 날로 새로워지도다(고린도후서 4:16)

그리스도의 부활은 그분을 믿는 자들에게 '의로움'과 '거룩함'을 가져다줍니다. 우리는 그리스도를 통해 그분과 함께 의롭게 되었고 그분을 따라 거룩한 삶을 살도록 초대받은 존재입니다. 이제 더는 죄의 권세 아래 있지 않고 완전한 새로움을 입고 살아가게 됩니다. 우리는 부활의 능력과 소망으로 현재를 살아가는 자들로서 그리스도와 연합하여 부활에 동참하며 그 놀라운 부활을 이 땅에서 살아냅니다. 부활로서 주어지는 '새로움'은 그리스도와 연합한 자들에게 생명이자 이 땅을 살아가는 성도들의 삶을 특징 짓는 요소입니다. 이제 우리가 걷는 길은 이전에 걸었던 죄악의 길이 아니라 전혀 새로운 길, 부활하신 그리스도와 함께 걸어가는 기쁨과 생명의 길입니다. 이와 같은 새로운 생명의 삶은 부활의 영이신 성령님, 곧 그리스도의 재림 때에 우리 몸을 부활하게 하실 성령님이 지금 우리 안에 이미 거하시기 때문에 가능합니다.

로마서 8장에서 바울은 신자와 불신자의 상황을 비교하면서 이렇게 설명합니다.

만일 너희 속에 하나님의 영이 거하시면 너희가 육신에 있지 아니하고 영에 있나니 누구든지 그리스도의 영이 없으면 그리스도의 사람이 아니라 또 그리스도께서 너희 안에 계시면 몸은 죄로 말미암아 죽은 것이나 영은 의로 말미암아 살아 있는 것이니라(로마서 8:9-10)

9절 후반부와 10절 전반부의 부정문을 긍정문으로 바꾸면 이렇습니다.

'그리스도께 속한 신자, 곧 우리는 그리스도 안에 있으며, 또 우리 안에는 그리스도께서 계십니다.' 이 구절에서 우리는 성령님 안에 있는 신자와 신자 안에 내주하시는 성령님, 그리스도 안에 있는 신자와 신자 안에 계시는 그리스도를 볼 수 있습니다. 이 땅을 살아가는 성도들이 부활하신 그리스도와 연합하고, 내주하시는 성령님과 교제를 누리는 것은 분명 경이로운 일입니다.

READING JESUS

리딩지저스
: 그리스도 중심으로 읽는 바울서신 1

그리스도의 부활은 바울만이 전한 새로운 사실이 아닙니다. 부활은 오래 전 구약성경에서부터 전해지고 선지자들이 예언한 하나님의 구원 계획입니다. 특별히 바울서신과 함께 사도행전을 살펴보면, 바울뿐만 아니라 많은 사도와 증인들이 예수 그리스도의 부활을 증언합니다. 시편을 비롯한 여러 구약성경의 구절들이 부활을 강력하게 증거합니다. 바울은 고린도전서 15장 3-4절에서 "내가 받은 것을 먼저 너희에게 전하였노니 이는 성경대로 그리스도께서 우리 죄를 위하여 죽으시고 장사 지낸 바 되셨다가 성경대로 사흘 만에 다시 살아나셨다"라고 말합니다.

바울은 이미 예견되어 온 부활을 전달한 것뿐입니다. 바울은 "성경대로", 곧 '구약성경에 이미 나타난 대로' 예수 그리스도의 부활을 고린도 교회 신자들에게 전했습니다. 이것이 바로 바울이 전한 복음이었습니다. 모든 성경에서 '그리스도의 부활'은 가장 중요한 사건입니다. 부활은 단지 빈 무덤 사건이 아니라, 모든 이에게 새로운 생명과 소망을 가져다주는 능력의 사건입니다. 이는 하나님이 그리스도가 무죄하시다는 사실을 열방에 선포하신 일이자, 그리스도를 드높이신 사건입니다. 부활은 죄인들을 의롭고 거룩하게 만들어 주는 놀라운 은혜의 사건입니다. 바울은 성경대로 일어난 이 부활의 사건을 오늘날 우리 모두에게 전하고 있습니다.

바울서신 1
한눈에 보기

'바울서신'은 사도 바울이 교회와 개인에게 쓴 열세 편의 편지를 지칭합니다. 바울서신의 핵심을 이해하기 위해서는 바울의 진정한 관심사가 무엇인지를 파악해야 합니다. 바울서신은 다양한 주제를 다루고 있지만, 가장 핵심은 그리스도의 죽음와 부활에 대한 가르침입니다. 바울은 그리스도의 십자가 외에는 아무것도 알기로 작정하지 않았으며 자랑하지 않을 것이라고 선언합니다. 바울에게 그리스도의 십자가와 부활은 구약성경의 성취로서 우리 죄를 해결하는 것과 분리될 수 없는 사건입니다.

　사도 바울이 편지를 보낸 교회들이 안고 있던 심각한 문제 중 하나는 이 복음의 핵심을 왜곡하는 것이었습니다. 특히 고린도 교회 안에는 부활이 없다고 주장하거나 그리스도인이 되는 것과 예수님의 부활 사이에는 아무 관계가 없다고 생각하는 사람들이 있었습니다. 그러나 바울은 그리스도의 십자가 사건, 곧 그리스도의 죽음만으로는 우리의 구원이 완성될 수 없다고 가르쳤습니다. 부활이 없이는 죄의 삯인 죽음이 극복할 수 없는 죄의 결과로 계속 남아 있게 되며, 우리 또한 여전히 죄 가운데 있었을 것이기 때문입니다. 그러나 예수님은 부활하심으로써 죄와 사망의 권세를 이기시고 새 생명의 근원이 되셨습니다.

바울은 고린도전서 15장에서 그리스도의 부활을 두 가지 중요한 단어로 표현합니다. 먼저는 "첫 열매"이고, 두 번째는 "살려 주는 영"입니다. 이 두 표현을 이해하는 데 가장 핵심적인 개념은 '그리스도와의 연합'입니다. 예수님의 부활이 잠자는 자들의 '첫 열매'가 된다는 말은, 첫 열매가 전체 수확과 연합되어 분리될 수 없듯이 예수님의 부활이 그와 연합한 성도들의 부활을 보증한다는 의미입니다. 그리고 '살려 주는 영'이 되신 예수님은 그와 연합한 자들에게 성령님을 주시고 하나님 나라를 유업으로 받는 새로운 존재가 되게 하십니다.

장래에 있을 성도들의 부활뿐만 아니라 과거와 현재 시점에서의 성도들의 부활을 묘사하는 구절들도 있습니다. "허물로 죽은 우리를 그리스도와 함께 살리셨다"(에베소서 2:5)라는 말씀은, 그리스도를 믿는 성도들은 이미 죽음에서 생명으로 옮겨져 그리스도와 함께 부활의 삶을 살고 있다는 뜻입니다. 또한 예수 그리스도의 부활은 그분을 믿는 모든 자의 의로움과 거룩함의 근거가 됩니다. 예수님은 우리를 의롭게 하시기 위하여 죽으시고 부활하셨으며, 그 결과로 우리는 의로운 존재가 되었습니다. 이제 우리는 부활의 능력과 소망을 가진 의의 자녀가 되어 이 세상을 거룩함과 기쁨으로 살아가게 되었습니다. 이 새 생명의 삶은 그리스도의 재림 때에 우리 몸을 부활하게 하실 성령님이 지금 우리 안에 이미 거하시기 때문에 가능합니다. 이 땅에 살아가는 성도들이 부활하신 그리스도와 연합하고 내주하시는 성령님과 교제를 누린다는 것은 분명 경이로운 일입니다.

성경수업
돌아보기

❶ 신약성경의 많은 분량을 차지하는 바울 서신은 사도 바울이 교회와 개인에게 쓴 편지입니다. 다음 서신들 중에서 바울이 개인에게 쓴 편지를 찾아 ○표시해 보세요. (바울서신 1에 들어가며)

> 디모데전서 로마서 갈라디아서 고린도후서 에베소서 빌립보서 데살로니가전서
>
> 고린도전서 빌레몬서 데살로니가후서 디모데후서 골로새서 디도서

❷ 바울은 바울서신에서 수신자의 사정과 상황에 맞추어 여러 주제를 다룹니다. 그리고 이러한 다양한 주제들 가운데서 예수 그리스도의 (   )과 (   )이 핵심 내용으로 등장합니다. (성경수업 Lesson 1)

❸ 바울은 (   )라는 표현을 사용해서 그리스도의 부활을 설명합니다. 바울은 (   )가 전체 수확과 연합하여 분리될 수 없듯이, 예수님의 부활은 (   )가 되어 그와 (   )한 성도들의 부활을 (   )한다고 설명합니다. (성경수업 Lesson 3)

❹ "사망이 (   )으로 말미암았으니 죽은 자의 부활도 (   )으로 말미암는도다 아담 안에서 모든 사람이 죽은 것같이 그리스도 안에서 모든 사람이 삶을 얻으리라"(고린도전서 15:21-22)

첫 아담으로 인하여 사망이 온 것처럼 부활 역시 (   )으로 인하여 오게 됩니다. 그 (   )은 바로 '예수 그리스도'이십니다.
성경수업 Lesson 4

❺ 그리스도의 부활은 그리스도를 믿는 자들에게 (   )과 (   )을 가져다줍니다. 우리는 그리스도를 통해 그분과 함께 (   ) 되었고 그분을 따라 (   ) 삶을 살도록 초대받은 존재들입니다. 성경수업 Lesson 5

정답

1. 디모데전서, 빌레몬서, 디모데후서, 디도서 2. 죽음, 부활 3. 첫 열매, 첫 열매, 첫 열매, 연합, 보증 4. 한 사람, 한 사람, 한 사람, 한 사람 5. 의로움, 거룩함, 의롭게, 거룩한

❶ 그리스도의 십자가와 부활은 성경의 핵심 주제입니다. 이것이야말로 기독
교 교리의 핵심이라고 할 수 있습니다. 성경은 예수님이 바로 나를 위하여
돌아가셨고, 다시 살아나셨다고 증언합니다. 나는 이 증언을 어떻게 받아
들이고 있나요?

❷ 예수님이 우리의 첫 열매가 되셨다는 사실은 나에게 어떤 위로와 소망을
주나요?

❸ 우리의 첫 열매가 되시고 우리에게 영원한 소망을 주시는 그리스도의 복음을 드러내는 한 주간이 되기 위해 내가 실천할 수 있는 것들을 나누어 봅시다.

❶ 성경 말씀에 기초해, 찬양과 감사의 기도를 드립니다.

너희가 만일 내가 전한 그 말을 굳게 지키고 헛되이 믿지 아니하였으면

그로 말미암아 구원을 받으리라

고린도전서 15:2

❷ 일상의 변화를 소망하며, 회개와 결단의 기도를 드립니다.

❸ 서로를 위해, 또 교회를 위해 기도합니다.

하나님을 향한

찬양

시편 30편 1-5절

여호와여 내가 주를 높일 것은

주께서 나를 끌어내사

내 원수로 하여금 나로 말미암아

기뻐하지 못하게 하심이니이다

여호와 내 하나님이여

내가 주께 부르짖으매 나를 고치셨나이다

여호와여 주께서 내 영혼을

스올에서 끌어내어 나를 살리사

무덤으로 내려가지 아니하게 하셨나이다

주의 성도들아 여호와를 찬송하며

그의 거룩함을 기억하며 감사하라

그의 노염은 잠깐이요 그의 은총은 평생이로다

저녁에는 울음이 깃들일지라도 아침에는 기쁨이 오리로다

2

바울서신 2

성경읽기 고린도후서 7-13장,
갈라디아서 1-6장,
에베소서 1-6장,
빌립보서 1-4장

성경수업 은혜로 사는 삶

성경나눔

Lesson 1   구원의 은혜와 성도의 삶
Lesson 2   우리를 택하사 자녀가 되게 하셨으니
Lesson 3   만유의 주가 되시는 그리스도
Lesson 4   한 몸으로 부름받은 성도
Lesson 5   영적 전쟁

바울서신 2에
들어가며

바울서신을 이해하기 위해서는 모든 서신을 한 편씩 세밀하게 연구하는 방법도 있지만, 바울의 가르침에서 핵심이 되는 내용에 집중해 전체적으로 접근하는 방법도 필요합니다.

먼저, 우리는 바울의 편지들이 안전한 상아탑에서 기록된 것이 아니라는 사실을 반드시 기억해야 합니다. 바울은 복음을 전하기 위해 온갖 역경과 고난을 견뎌내야 했고, 여러 도시를 돌아다니면서 교회와 동역자들을 세웠습니다. 그리스도를 따르는 자들에게 닥치는 어려움과 환난이 무엇인지 바울은 그 누구보다 잘 알고 있었습니다. 그럼에도 바울은 거리낌 없이 그리스도의 십자가와 부활을 전하며 교회와 성도들을 진심으로 격려하고 권면했습니다. 바울의 서신들은 성경을 연구하는 신학자들만을 위한 기록이 아니라, 과거로부터 지금까지 우리와 같은 성도들을 향한 기록입니다. 이 땅을 살아가는 성도들이 참된 생명의 복음을 이해하는 것이 얼마나 중요한지, 구원받은 신자로서 어떻게 살아가야 하는지를 가르쳐 주는 편지들입니다.

이번 주는 고린도후서 7장부터 갈라디아서, 에베소서, 빌립보서까지를 통독합니다. 성경수업을 통해서는 에베소서의 구조와 내용을 살펴보겠습니다.

리딩지저스 6권 2강: 바울서신 2

QR코드를 찍으면 '바울서신 2' 리딩지저스 영상으로 바로
연결됩니다. 또는 유튜브에서 '리딩지저스 바울서신 2'를 검
색하여 시청할 수 있습니다. '성경읽기'와 '성경공부'를 시작
하기 전에 리딩지저스 영상을 시청하면 도움이 됩니다.

QR코드를 찍으면 **리딩지저스 오디오 바이블**로 연결됩니다. 45주 성경통독 일정에 맞추어 제작된 **오디오 바이블**을 통해 매일의 성경통독 분량을 부담 없이 완독할 수 있습니다. 그리스도 중심 성경읽기 《리딩지저스》와 함께하는 성경통독을 통해 하나님과 동행하는 하루하루가 되기를 소망합니다.

이번 주 성경읽기 스케줄

주일	리딩지저스 영상 시청, 성경수업 읽기			
	기본 읽기		핵심 읽기	
월	고후 7-9장	완독	고후 9장	
화	고후 10-13장		고후 10장	
수	갈 1-6장		갈 3장	
목	엡 1-3장		엡 2장	
금	엡 4-6장		엡 4장	
토	빌 1-4장		빌 2장	

실천하는 이웃 사랑을 보여준 고린도 교회

기본 읽기 고린도후서 7-9장
핵심 읽기 고린도후서 9장

바울은 7장에서 고린도 교회를 위로합니다. 특히 바울은 디도의 방문이 우리를 위로했다고 하면서 고린도 교회가 회개한 것을 기뻐하며 격려합니다. 또한 바울은 마게도냐 교회가 연보를 풍성히 드린 덕분에 여러 성도를 섬기는 일을 할 수 있었다고 언급하며 하나님을 찬양합니다. 이들의 헌금은 단순히 물질을 드린 것 이상의 의미가 있었습니다. 이들은 하나님 사랑과 이웃 사랑을 행동으로 증명했습니다. 바울은 이 연보를 집행하는 사역을 감당하게 된 디도를 격려하는 것 또한 잊지 않습니다. 이후 바울은 9장에서 가난한 성도들을 섬기는 연보를 집행하는 일을 통해 성도가 물질을 드리는 자세와 태도를 가르칩니다. 또한 이 일을 포함하여 봉사의 직무를 감당하는 원리를 설명합니다.

복음을 전하는 것만이 유일한 목표

기본 읽기 고린도후서 10-13장
핵심 읽기 고린도후서 10장

바울은 이제 자신의 사역에 대하여 변호하기 시작합니다. 바울은 예수님의 공생애 동안 그분과 동행하며 가르침을 받은 다른 사도와 달리 다메섹으로 가는 길에서 예수님을 만나 부르심을 받았습니다. 따라서 이에 관하여 여러 사람이 바울의 사도 직분과 사역에 이의를 제기하거나, 혹은 바울을 비난했던 것 같습니다. 바울은 이런 상황에 대하여 자신을 강하게 변론합니다. 바울은 자신이 감당한 고난과 사역을 설명합니다. 또한 자신이 갖춘 인간적 조건들을 나열하며 그리스도의 복음을 전파하기 위해 이러한 요소들을 자랑하지 않았음을 밝힙니다. 끝으로 바울은 자신이 오직 복음 전하는 일을 최선의 과제로 삼았다고 말하며 고린도 교회에 평안의 인사를 전합니다.

3일차 오직 그리스도로 말미암아 얻는 구원

기본 읽기 갈라디아서 1-6장
핵심 읽기 갈라디아서 3장

갈라디아서는 지금의 아나톨리아 반도에 위치한 갈라디아 지방의 여러 교회를 향한 바울의 편지입니다. 그러나 이 편지에는 바울이 교회를 칭찬하는 표현이 담겨 있지 않습니다. 바울은 편지 내내 복음의 핵심을 강조합니다. 그리스도께서 십자가에 달려 죽으시고 부활하셨다는 메시지 외에 다른 복음은 없으며, 율법이 아니라 오직 그리스도를 믿음으로만 의롭다 하심을 얻을 수 있다고 가르칩니다. 바울은 갈라디아 사람들을 어리석다고 책망하면서 바로 이 복음을 강조합니다. 율법으로서는 우리가 의롭다 함을 얻을 수 없으며, 율법은 우리를 그리스도께로 인도하는 초등교사의 역할을 한다고 말합니다. 바울은 갈라디아 지역에 성행하던 '다른 복음'을 경계하고, 그리스도로 말미암은 복음의 진리를 명쾌하고 강하게 설명합니다.

4일차 그리스도의 몸된 교회

기본 읽기 에베소서 1-3장
핵심 읽기 에베소서 2장

에베소서는 그 이름대로 에베소 교회 성도들을 향한 바울의 편지입니다. 바울은 먼저 하나님의 신령한 복을 찬송합니다. 바울은 하나님이 우리를 택하시고 예정하셔서 그리스도로 말미암아 우리를 하나님의 아들들이 되게 하셨다고 말합니다. 그리고 이는 우리로 하여금 하나님 은혜의 영광을 찬송하도록 하기 위함임을 밝힙니다. 이렇게 구원받은 이들의 공동체가 바로 교회이고, 교회는 그리스도의 몸입니다. 따라서 구원받고 부름 받은 우리는 거룩한 성전이 되어 그리스도 안에서 함께 지어져 갑니다. 이것이 바울이 설명하는 교회의 기본 원리입니다. 예수님은 이러한 교회를 통해 영광을 받으십니다.

5일차 교회가 교회답기 위해서 해야 할 것들

기본 읽기 에베소서 4-6장
핵심 읽기 에베소서 4장

바울은 이제 '교회'에게 성령께서 하나되게 하신 것을 힘써 지키라고 당부합니다. 하나님은 각 사람에게 그리스도의 선물의 분량대로 은혜를 주셨습니다. 바울은 그리스도인은 옛 사람을 벗어버리고 하나님을 따라 새 사람을 입어야 하며, 하나님이 기뻐하시는 삶을 살아감으로써 하나님께 영광을 돌려야 한다고 당부합니다. 이어서 5장에서는 구체적인 삶의 정황을 이야기하는데, 이러한 모든 당부를 "빛의 자녀들처럼 행하라"(5:8)라는 말로 정리합니다. 바울의 당부는 개인의 삶을 넘어서 남편과 아내, 자녀로 이어지는 가정에게, 그리고 당시 신분 제도 내 종과 주인에게로 이어집니다. 마지막으로 바울은 우리의 싸움은 마귀를 상대하는 것임을 언급하며 당대 로마 군인의 모습에 빗대어 "하나님의 전신 갑주"(6:11)를 입으라고 권면합니다.

6일차 주 안에서 기뻐하라!

기본 읽기 빌립보서 1-4장
핵심 읽기 빌립보서 2장

빌립보서는 바울이 빌립보 교회 성도들에게 보낸 편지입니다. 빌립보서에서는 당시 바울이 감옥에 갇혀 있던 상황을 보여 주는 내용이 등장합니다. 그러나 역설적이게도 바울은 빌립보 성도들에게 기뻐하라고 권합니다. 그는 자신의 처지와 상관없이 그리스도의 복음이 전파되고 영광을 받으시는 것에 관심이 있습니다. 바울은 그리스도께서 어떤 분이며, 그분을 믿는 성도들은 어떻게 살아야 하는지 자세히 설명하고, 옥에 갇힌 자신을 대신하여 디모데와 에바브로디도를 파송한다고 밝힙니다. 또한 빌립보 교회 성도들이 자신을 본받기를 바란다는 담대한 고백을 합니다. 바울은 편지를 마무리하면서도 다시금 성도들에게 주 안에서 기뻐하라고 권면합니다.

은혜로 사는 삶

내가 달려갈 길과 주 예수께 받은 사명
곧 하나님의 은혜의 복음을
증언하는 일을 마치려 함에는
나의 생명조차
조금도 귀한 것으로 여기지 아니하노라
사도행전 20장 24절

구원의 은혜와 성도의 삶

바울서신의

이중 구조

바울서신은 '이중 구조'라는 논리의 흐름을 대체로 따릅니다. 사도 바울은 먼저 하나님이 우리를 위해 행하신 구원의 역사를 선포한 다음, 그 구원의 은혜를 입은 우리가 어떻게 살아가야 하는지를 권면합니다. 즉, 하나님이 베푸신 구원의 은혜를 먼저 가르치고 그에 따른 그리스도인의 삶을 논합니다. 예를 들어, 로마서의 전반부인 1-11장에서는 복음의 내용을 설명하는 데 집중하면서 그리스도께서 무엇을 하셨는지를 신학적으로 논합니다. 후반부인 12-16장에서는 그리스도인의 삶을 다루며 우리가 그리스도인으로서 어떻게 살아야 하는지에 대한 지침을 제시합니다. 이러한 이중 구조는 갈라디아서, 에베소서, 골로새서에서도 쉽게 발견할 수 있습니다.

● **바울서신의 이중 구조**

	구원의 은혜에 대한 가르침	그리스도인의 삶
갈라디아서	1-3장	4-6장
골로새서	1-2장	3-4장
에베소서	1-3장	4-6장

구원에 있어서 복음의 **은혜**와 그리스도인의 **삶**은 서로 분리할 수 없으며 모두 강조해야 하는 중요한 두 가지 원리입니다.

바울서신의 이중 구조는 바울이 성도와 교회를 권면하는 방식에서도 드러납니다. 예를 들어, 갈라디아서 5장 1절은 "그리스도께서 우리를 자유롭게 하려고 자유를 주셨으니"라는 복음의 내용에 이어 "그러므로 굳건하게 서서 다시는 종의 멍에를 메지 말라"라고 권면합니다. 또 다른 예로, 골로새서 3장 1절은 "그리스도와 함께 다시 살리심을 받았으면" 우리는 그리스도께서 계신 "위의 것을 찾아야" 한다고 가르칩니다. 그리스도 안에서 부여받은 성도의 정체성을 먼저 선언하고, 이어서 그 정체성대로 살라고 강조하는 이중 구조를 보입니다. 바울은 성도가 새 언약의 공동체로서 어떻게 살아야 할지를 가르치는 데에 깊은 관심을 기울입니다. 이에 그리스도께서 우리를 위해 하신 일에 항상 기초하여 성도의 마땅한 지침들을 제시합니다.

이중 구조의 핵심 내용인 '복음의 내용'과 '성도의 삶'은 서로 뗄 수 없는 밀접한 관계를 가지고 있습니다. 논리적으로 구분할 수는 있지만 분리해서는 생각할 수 없는 관계인 것이죠. 그리고 그 순서가 바뀌어서도 안 됩니다. 하나님이 우리를 구원하셨기 때문에 우리의 삶과 행위가 중요한 것입니다. 그리스도께서 우리를 의롭게 하신 은혜가 우리의 삶을 거룩하게 유지하는 토대가 되기 때문입니다. 따라서 그 순서를 바꾸어 우리가 '먼저 순종해야만 하나님의 구원의 은혜를 받을 수 있다'고 생각해서는 안 됩니다.

바울서신의 이러한 구성은 우리 삶의 본이 됩니다. 바울은 성도의 삶을 교훈할 때, 예수님이 우리를 위해 하신 일과 따로 뗴어 말하는 경우가 없습니다. 구체적인 삶의 지침을 논할 때면 그 근본이 그리스도께서 우리를 위해 하신 일이라는 사실에 더욱 집중합니다. 그런데 우리는 예수님의 구원 사역에 대해 사람들이 이미 잘 알고 있다고 가정해 버리는 실수를 흔히 합니다. 그래서 예수 그리스도의 구원 사역을 말하지 않고 삶에 대해서만 가르치려 듭니다. 그러나 진정한 삶의 변화는 그리스도를 믿는 믿음 안에서 이루어집니다.

동시에 거룩한 삶의 중요성을 약화해서는 절대로 안 됩니다. 바울서신은 오직 하나님에 의해 구원받은 자들은 거룩함으로 자라 가야 한다는 것을 분명히 가르칩니다. 구원과 삶, 이 두 가지가 함께 가야 합니다. '나는 이미 구원을 받았으니 예수님의 제자가 매일 될 필요는 없어'라고 말할 수 없습니다. 예수님의 진정한 제자라면, 믿음으로 끊임없이 자라나고 인내해야 합니다.

…항상 복종하여 두렵고 떨림으로 너희 구원을 이루라 너희 안에 행

하시는 이는 하나님이시니 자기의 기쁘신 뜻을 위하여 너희에게 소원을 두고 행하게 하시나니(빌립보서 2:12-13)

　빌립보서에 나타난 바울의 표현을 살펴보면, 구원받은 자로서 우리의 책임이 무엇인지 알 수 있습니다. 곧 우리 안에 일하시는 분이 하나님이시기 때문에, 우리가 두렵고 떨림으로 구원을 이루어 가야 한다는 것입니다. 여기서 "두렵고 떨림"이라는 표현은 하나님의 임재를 나타낼 때 흔히 사용되는 표현으로, 하나님이 우리 안에서 일하고 계심을 인식한다는 내용입니다. 오직 믿음으로 하나님 앞에서 의롭다고 여김받는 것과 거룩함으로 자라 가는 것은 함께 갑니다. 둘 중에 하나만 있을 수는 없습니다. 이렇듯 구원에서 '복음의 은혜'와 '그리스도인의 삶'은 서로 분리할 수 없으며 모두 강조해야 하는 중요한 두 가지 원리입니다.

Lesson 2 우리를 택하사 자녀가 되게 하셨으니

에베소서 1:

하나님의

전적인 은혜

에베소서는 '복음과 그리스도인의 삶의 관계성'을 자세히 보여 주는 서신입니다. 에베소서 1-3장은 복음의 내용에 초점을 두고, 4-6장은 성도의 삶에 초점을 둡니다. 여기서도 복음과 삶이 별개의 문제가 아님을 기억하는 것이 중요합니다.

에베소서 1장 3-14절에서 사도 바울은 하나님이 하늘에 속한 모든 신령한 복을 그리스도 안에서 우리에게 주셨다고 말하며 하나님의 영광스러운 은혜를 찬송합니다. 우리 구원에 관하여 가장 밀도 있고 풍부한 의미를 담아내는 바울의 축복 기도인 이 구절은 아버지와 아들과 성령의 삼위일체 구조와 함께 우리의 구원이 이루어지는 과정을 말해 줍니다. 바울은 찬송시를 사용하여 3절을 시작합니다.

> 찬송하리로다 하나님 곧 우리 주 예수 그리스도의 아버지께서 그리스도 안에서 하늘에 속한 모든 신령한 복을 우리에게 주시되(에베소서 1:3)

바울이 하나님을 찬양하는 이유는 무엇일까요? 하나님이 "그리스도 안에서 하늘에 속한 모든 신령한 복을" 주셨기 때문입니다. 이 구절은 하나님이 어떤 분인지에 대해 아주 구체적이고 명확하게 표현합니다. 그분은 바로 "우리 주 예수 그리스도의 아버지"이십니다. 하나님은 그리스도와 관련 없는 별개의 존재가 아닙니다. 하나님은 성경 말씀 안에 자신을 계시하셨으며, 성경의 가르침대로 우리의 중보자 되신 예수 그리스도를 통해서 이해할 수 있는 분입니다. 하나님의 아들이신 예수님은 그분의 가족이 되는 지위를 우리에게 부여하셨고, 예수 그리스도 안에서 하나님은 우리의 아버지가 되셨습니다. 우리가 주님이 가르쳐 주신 기도에 따라 하나님을 "하늘에 계신 우리 아버지여"라고 부르는 것이 신약 시대에 우리가 하나님을 아는 방식입니다.

바울은 또한 에베소서 1장 4-6절에서 '선택하심'과 '양자 삼으심'의 내용을 다루면서 하나님이 어떤 목적과 이유로 우리를 선택하셨는지 가르쳐 줍니다.

> 곧 창세전에 그리스도 안에서 우리를 택하사 우리로 사랑 안에서 그 앞에 거룩하고 흠이 없게 하시려고 그 기쁘신 뜻대로 우리를 예정하사 예수 그리스도로 말미암아 자기의 아들들이 되게 하셨으니(에베소서 1:4-5)

사랑의 하나님은 우리를 거룩하고 흠이 없게 하시려고 택하셨습니다. 그리고 그 선택의 근거는 하나님의 "기쁘신 뜻"입니다. 하나님은 우리의 선함이나 특별함 때문이 아니라, 하나님 그분의 기쁨, 즉 '하나님의 기뻐하시는 뜻에 따라' 우리를 품어 주셨습니다. 하나님은 우리를 사랑하사 구원하기로 결정하셨습니다. 그래서 우리를 친히 양자로 받아들이셨습니다. 이로써 우리는 하나님을 '아버지'라고 부를 수 있게 되었습니다.

하나님이 우리를 택하시고 자녀로 삼으셨다는 이 가르침의 핵심은 무엇일까요? 우리는 선택받을 만한 이유가 없는 존재들이라는 사실입니다. 신명기에서 보듯, 하나님이 이스라엘을 택하신 것은 그들이 다른 민족보다 강력해서가 아니라 다만 그들 위에 하나님이 사랑을 두셨기 때문입니다. 우리가 구원을 얻기 위해서 한 것은 아무것도 없으며, 오직 하나님의 뜻대로 하나님의 사랑을 입고 하나님의 자녀가 되었을 뿐입니다. 우리를 사랑하기로 작정하신 하나님은 그 사랑을 거두지 않으시고 그분의 사랑으로 우리를 구원하셨습니다. 이처럼 우리의 구원을 이루어 가시는 분은 처음부터 끝까지 하나님이십니다. 하나님의 사랑으로 인해 받은 우리의 구원은 결코 잃어버릴 수 없습니다. 이어서 바울은 1장 7절에서 우리의 '죄사함'에 대해 말합니다.

> 우리는 그리스도 안에서 그의 은혜의 풍성함을 따라 그의 피로 말미암아 속량 곧 죄사함을 받았느니라(에베소서 1:7)

우리는 용서가 필요한 죄인입니다. 이스라엘이 애굽의 노예 생활에서 속량(구원)되어야 했듯이, 우리도 죄로부터 속량을 받아야 합니다. 여기서 우리는 "은혜"라는 표현을 놓치지 말아야 합니다. 하나님의 은혜는 아무리 강조해도 지나치지 않습니다. 에베소서 1장 3-14절에서 우리가 보는 것은 결국 '하나님 은혜의 풍성함'입니다. 하나님의 아들이 우리 곁에 오셔서 우리를 구원하기 위해 성육신하시고, 고난을 겪으시고, 십자가 위에서 피를 흘리셨습니다. 자격 없는 우리를 죄에서 구속해 주신 것이 모두 하나님

의 은혜입니다. 이처럼 에베소 교회를 향한 바울의 편지는 이 은혜로부터
시작됩니다.

Lesson 3 　만유의 주가 되시는 그리스도

에베소서 2:
그리스도의
통치

에베소서는 우리에게 예수 그리스도께서 '만유의 주'이심을 가르칩니다. 십자가에서 죽으신 예수 그리스도는 부활하셔서 제자들이 보는 가운데 승천하셨습니다. 하나님 아버지 우편에 앉아 계신 예수님은 그분을 믿는 자들에게 성령님을 보내 주셨습니다. 에베소서는 그리스도의 주권이 현재 진행형이라는 사실과 그 주권이 얼마나 광범위하고 강력한지를 가르쳐 줍니다. 또한 그리스도의 통치가 삶의 모든 영역, 보이지 않는 영역에까지 미친다는 사실을 보여 줍니다.

> 그 뜻의 비밀을 우리에게 알리신 것이요 그의 기뻐하심을 따라 그리스도 안에서 때가 찬 경륜을 위하여 예정하신 것이니 하늘에 있는 것이나 땅에 있는 것이 다 그리스도 안에서 통일되게 하려 하심이라
> (에베소서 1:9-10)

이 구절에서 "비밀"이란 오랜 시간 감춰져 있던 무언가로서 마지막 때, 곧 종말의 때에 완전히 드러날 것입니다. 하나님 뜻의 비밀이 그리스도 안

에서 계시되었고, 부조화한 모든 것이 그리스도 안에서 목적을 찾아 통일됩니다. 역사의 주인이자 세상의 통치자이신 그리스도는 그분 안에서 모든 만물을 통일시켜 하나가 되게 하셨습니다. 그리고 모든 것이 합력하여 그분의 영광을 드러내도록 다스리십니다.

> 모든 통치와 권세와 능력과 주권과 이 세상뿐 아니라 오는 세상에 일컫는 모든 이름 위에 뛰어나게 하시고 또 만물을 그의 발 아래에 복종하게 하시고…(에베소서 1:21-22)

예수 그리스도는 온 우주의 주인이시며 마지막 때의 하늘 통치권을 가지신 분입니다. 우리는 그분을 1세기에 중동 지역을 누볐던 팔레스타인 사람 정도로 생각해서는 안 됩니다. 우리가 가진 그리스도에 대한 생각이 성경적인지 점검하는 단계를 반드시 거쳐야 합니다. 그 예로 바울이 에베소서에서 예수님에 대해 전하는 방식을 보십시오.

에베소서 1장이 우리에게 말하는 바는 '그리스도께서 모두의 주가 되신다'는 것입니다. 모든 것이 그분의 발 아래에 있습니다. 그리스도는 우리가 볼 수 있는 것이나 볼 수 없는 것이나 모든 것 위에 계신 분입니다. 그리스도보다 높은 권세를 주장할 수 있는 존재는 그 누구도, 그 무엇도 없습니다. 믿음으로 그리스도와 연합한 사람들은 그분 안에서 "하늘에 속한 신령한 복"(에베소서 1:3)을 누립니다. 에베소서는 우리가 누리는 모든 복이 중보자 되신 예수 그리스도로 말미암았다는 사실을 반복적으로 가르치면서, 그리스도께서 모든 것의 통치자이시며 영광의 주로서 지금 이 세상을 다스리고 계심을 상기시켜 줍니다.

머지않아 만물이 그리스도 안에서 하나가 되어 모든 것의 머리 되시는 그리스도께 경배하는 날이 도래할 것입니다. 그때에는 그리스도로 말미암아 창조되었던 세계가 마침내 회복되어 완전한 조화를 이룰 것입니다. 사도 바울은 갇혀 있는 중에도 영적인 눈으로 아직 오지 않은 완전한 때를 바라보았습니다. 그는 사랑하는 교회와 성도들에게 그날을 고대하라고 도전합니다. 그날에 그리스도는 그분의 발 아래 모든 것을 모아 완전히 회복시키실 것입니다.

Lesson 4 　한 몸으로 부름받은 성도

에베소서 3:
그리스도의 몸인
교회

에베소서 1-3장에서 우리가 받은 부르심에 대해 말한 것에 이어, 4-6장에서는 하나님이 그리스도 안에서 우리에게 베푸신 사랑과 예수 그리스도의 주 되심을 가르쳐 줍니다. 또한 구원의 은혜를 받은 그리스도인들이 어떠한 삶을 살아야 하는지를 교훈합니다. 우리의 부르심이 위대하다면 우리의 행함, 실천, 일상은 그분의 부르심에 합당해야 합니다.

　이러한 맥락에서 바울은 새사람이 된 사람들이 공동체 안에서 서로 어떠한 관계를 맺으며 살아야 하는지에 대해 가장 먼저 가르칩니다.

　　…너희가 부르심을 받은 일에 합당하게 행하여(에베소서 4:1)

　　모든 겸손과 온유로 하고 오래 참음으로 사랑 가운데서 서로 용납하고 평안의 매는 줄로 성령이 하나되게 하신 것을 힘써 지키라(에베소서 4:2-3)

　여기서 "서로 용납"하라는 말은 "서로 친절하게 하며 불쌍히 여기며

바울은 **새사람**이 된 자들이 공동체 안에서 서로 어떠한 관계를 맺으며 살아야 하는지에 대해 가장 먼저 가르칩니다.

서로 용서하기를 하나님이 그리스도 안에서 너희를 용서하심과 같이 하라"(에베소서 4:32)라는 의미입니다. 하나님이 우리를 사랑하신 방식은 우리가 서로 사랑해야 하는 방식이자 믿음의 공동체의 핵심입니다. 사랑 안에서 우리는 서로를 인내하며, 고난을 감내하고, 성급히 화내지 않아야 하는데, 이것이 곧 하나님이 우리에게 베푸신 친절과 긍휼을 반영하는 태도이기 때문입니다. 우리는 자신을 본래 위치보다 더 높게 여기지 않아야 하며, 하나님 앞에서 우리의 정체성을 인식해야 합니다. 나를 포함한 모든 사람이 죄인이며, 여러 부족함으로 인해 관계에 문제를 일으키는 존재들이라는 점을 알아야 합니다. 그래야 우리는 겸손과 온유로 서로를 용납하고 함께 성숙한 모습으로 성장해 갈 수 있습니다.

에베소서 4장 4-6절에서 사도 바울은 그리스도 안에서 얻는 '하나됨'에 관해 가르칩니다.

> 몸이 하나요 성령도 한 분이시니 이와 같이 너희가 부르심의 한 소망 안에서 부르심을 받았느니라 주도 한 분이시요 믿음도 하나요 세례도 하나요 하나님도 한 분이시니 곧 만유의 아버지시라 만유 위에 계시고 만유를 통일하시고 만유 가운데 계시도다(에베소서 4:4-6)

모든 그리스도인은 한 믿음, 한 세례, 한 소망으로 연합되어 있습니다. 살아온 배경, 사는 곳, 피부색, 나이, 경제적 지위와 상관없이 우리는 그리스도 안에서 함께 묶여 있습니다. 그리스도 안에서 구원받은 사람들은 온몸이 각 마디로 연결되고 결합되어 있는 한 몸과 같습니다. 만유를 통일하시는 그리스도께서 교회의 머리가 되시고 각 사람은 몸의 각 지체가 되어 사랑 안에서 함께 자라며 서로를 돕습니다.

> 그에게서 온몸이 각 마디를 통하여 도움을 받음으로 연결되고 결합되어 각 지체의 분량대로 역사하여 그 몸을 자라게 하며 사랑 안에서 스스로 세우느니라(에베소서 4:16)

아울러 사도 바울은 '다양성'에 관해 이야기합니다. 성도들은 한 몸을 이루고 있지만, 성령님은 다양한 사람에게 다양한 방식으로 일하십니다. 구원 사역을 완성하시고 승리하신 그리스도는 다양한 은사를 가진 지도자

구원 사역을 완성하시고 승리하신 그리스도는 **다양한 은사**를 가진 지도자들을 세우시고 그들의 섬김으로 성도를 온전하게 하시며 그리스도의 몸인 교회를 세우십니다.

들을 세우시고 그들의 섬김으로 성도를 온전하게 하시며 그리스도의 몸인 교회를 세우십니다.

> …어떤 사람은 복음 전하는 자로, 어떤 사람은 목사와 교사로 삼으셨으니 이는 성도를 온전하게 하여 봉사의 일을 하게 하며 그리스도의 몸을 세우려 하심이라(에베소서 4:11-12)

하나님이 우리에게 주신 다양한 은사와 직분은 모두 그리스도의 몸, 곧 교회를 세우기 위한 것입니다. 따라서 우리가 섬기는 모든 일은 교회를 세우는 일이어야 하고, 공동체의 유익과 하나님의 영광에 궁극적인 목적을 두어야 합니다.

하나님은 우리를 용서하셔서 죄와 진노의 깊은 곳에서 들어 올리시고 새 생명을 주셨습니다. 우리는 하나님이 예수 그리스도 안에서 우리에게 주신 사랑, 친절, 은혜, 자비의 깊이를 기억해야 합니다. 이것이 우리가 교회 안에서 서로를 향해 보여야 할 사랑의 유형입니다. 우리는 우리의 상식과 헤아림을 뛰어넘는 은혜를 입은 자들로서 그리스도께서 우리를 사랑하시듯이 서로를 깊이 사랑해야 합니다.

Lesson 5   영적 전쟁

에베소서 4:
하나님의
전신 갑주

사도 바울은 에베소서 4-6장에서 많은 권면의 말씀을 전합니다. 가정 안에서 부모와 자녀, 아내와 남편의 태도, 언어생활 등 빛의 자녀로서 삶의 여러 영역에서 어떻게 살아야 하는지를 가르칩니다. 바울의 가르침은 6장에서 절정에 이르는데, 성도의 삶이 전투와 같음을 교훈하며 마무리됩니다. 이는 우리가 직면하는 삶의 현장이 결국 전투와 같으며 눈에 보이는 것 이상의 영적인 차원이 있다는 것을 상기시켜 줍니다.

> 우리의 씨름은 혈과 육을 상대하는 것이 아니요 통치자들과 권세들과 이 어둠의 세상 주관자들과 하늘에 있는 악의 영들을 상대함이라
> (에베소서 6:12)

성도들이 치르는 전쟁은 이 땅에서 벌어지는 눈에 보이는 전쟁이 아니라 영적인 전쟁입니다. 우리가 상대하는 세력은 혈과 육이 아니며 우리보다 큰 존재(통치자들, 권세들, 세상 주관자들)입니다. 따라서 이 시대의 어둠 위에 우주적 세력이 있음을 인식하되 그리스도께는 그보다 높은 권세가 있음을

성도들이 치르는 전쟁은 이 땅에서 벌어지는 눈에 보이는 전쟁이 아니라 **영적인 전쟁**입니다.

신뢰해야 합니다. 원수는 강력하고 위험하지만 그리스도는 이 모든 것 위에 계시며 모든 것을 통치하십니다. 이 전쟁에 임하는 사람들이 가장 먼저 기억해야 할 것은 자신의 힘으로는 결코 이길 수 없다는 것입니다. 이 싸움은 그리스도의 능력으로만 승리할 수 있습니다.

> …너희가 주 안에서와 그 힘의 능력으로 강건하여지고 마귀의 간계를 능히 대적하기 위하여 하나님의 전신 갑주를 입으라(에베소서 6:10-11)

하나님의 전신 갑주 이미지는 구약성경에서 비롯합니다. 이사야 59장에서는 하나님이 '용사'로 등장하시고, 이사야 11장에서는 메시아가 용사와 같은 의복을 입고 나타나십니다. 이 말씀에서 볼 수 있듯이 우리는 새로운 싸움에 혼자 뛰어들도록 부름받지 않았습니다. 우리는 더 강하신 그리스도를 신뢰하여 이겨 내도록 부름받았을 뿐입니다. 사복음서의 내용을 기억해 보십시오. 예수님이 대면하신 대상은 사람만이 아니었습니다. 예수님은 거의 모든 곳에서 마귀를 대면하고 즉시 쫓아내셨습니다. 모든 상황에서 그렇게 하신 것은 악이 그만큼 만연했고 영적 싸움도 자주 벌어졌기 때문입니다. 예수님은 이 땅에 계시는 동안 끊임없이 영적 전쟁을 치르셨고 마귀를 결박해 이기셨습니다. 그리스도의 능력을 의지하는 사람은 전신 갑주로 무장해 힘을 얻고 끝내 승리할 것입니다. 모든 통치와 권세와 주권이 이미 승리하신 예수 그리스도께 있기 때문입니다.

하나님의 전신 갑주는 우리에게 있는 자질에 대한 것이 아니라 그분을 신뢰하여 주님의 능력을 입는 것을 말합니다. 전신 갑주를 입은 사람은 곧 하나님과 함께 행동할 준비를 갖춘 그리스도인들입니다. 그러므로 전신 갑주를 이해할 때 각 부분의 기능에 지나친 의미를 부여하지 않아야 합니다. 전신 갑주를 입은 사람은 평화를 구하고 복음을 전하며 그리스도의 발자취를 따라 사는 삶, 사랑하고 참되며 의롭고 평화를 전하는 삶을 살아야 합니다. 에베소서의 모든 말씀이 이 구절에 요약되어 있습니다. 이는 우리가 영적 전쟁 중에 있음을 상기시켜 주면서 그 전쟁에 참여하도록 우리를 초대합니다.

이 영적 전쟁의 목표는 예수 그리스도의 복음을 전파하고 그리스도의 몸인 교회를 이 땅 가운데 세우고 자라나게 하는 것입니다. 거룩하게 자라가는 성도들과 그들의 승리를 통하여 만유의 통치자이신 예수님은 합당한 영광을 받으실 것입니다.

READING JESUS

리딩지저스
: 그리스도 중심으로 읽는 바울서신 2

바울은 에베소서를 통해 구약에서부터 갈망하던, 우주를 비롯한 만물의 통일이 그리스도 안에서 마침내 이루어졌음을 보여 줍니다. 하나님은 인간을 포함한 만물을 창조하셨습니다. 인간은 하나님과 함께 참 평화 가운데 있었고, 그분과 교제를 누렸습니다. 하지만 아담과 하와로 인해 죄가 세상에 들어 왔습니다. 죄는 모든 것을 바꾸어 놓았습니다. 이제 피조 세계는 평화와 화합 대신 불협화음 가운데 놓이게 되었습니다. 부부가 불화하고, 형이 동생을 죽이고 높은 자리와 왕권을 취하려고 서로 경쟁합니다. 그렇게 인류는 하나님으로부터 점차 멀어지기 시작했습니다.

하나님은 여전히 우주의 머리이시고 세계의 질서를 유지하고 계시지만, 반역과 분열을 일삼는 피조물이 때때로 권세를 쥐는 것처럼 보이기도 합니다. 하지만 주의 날이 다가오고 있습니다. 주의 날에는 평화와 화합이 이루어지고 죄로 부패한 것들이 회복될 것입니다. 하나님의 백성을 반대하는 세력이 무너지고 이스라엘이 통일된다는 것, 그들에게로 이방인이 돌아오고 하나님이 자신의 백성을 평화와 화합으로 다스리시게 된다는 것이 구약의 선지자들의 이상이었습니다. 이는 바울이 말하는 '우주를 통일하시는 그리스도의 주재권'을 통해 실현될 일입니다. 우주의 유일한 머리는 예수 그리스도이십니다. 그분만이 우주를 통치하십니다. 그분만이 평화를 가져다주시고, 통일을 이루시며, 화합을 이루어 내십니다!

3부

성／경／나／눔

우리는 바울 서신의 핵심 주제에 집중하면서 참된 복음의 내용과 성도의 삶에 대해 살펴보았습니다. 대부분의 바울 서신은 구원의 역사와 은혜를 가르치고 그에 맞는 성도의 삶을 이야기하는 '이중 구조'를 가지고 있습니다. 복음의 내용과 성도의 삶은 논리적으로는 구분되지만 서로 뗄 수 없는 관계입니다. 그리고 그 순서가 바뀌어서는 안 됩니다. 하나님 앞에서 의롭다고 여김을 받는 것과 거룩함으로 자라 가는 것은 서로 분리할 수 없으며 모두 강조되어야 합니다.

에베소서는 찬송시로 시작됩니다. 하나님은 그리스도 안에서 하늘에 속한 모든 신령한 복을 우리에게 주셨습니다. 그분은 그리스도 안에서 우리의 아버지가 되십니다. 우리가 하나님께 선택받아 그분의 자녀가 된 것은 우리의 선함이나 특별함 때문이 아니라 오로지 하나님의 기쁘신 뜻입니다. 하나님은 우리를 사랑하길 원하셨고 구원하기로 결정하셨습니다. 우리에게 죄사함을 주시는 하나님의 풍성한 은혜는 아무리 강조해도 지나치지 않습니다.

사도 바울은 예수 그리스도께서 만유의 주이시며, 그분의 통치가 현재 진행형이라는 사실을 선포합니다. 우리 삶의 모든 영역, 보이지 않는 영역까지도 그리스도의 통치가 미치지 않는 곳은 없습니다. 그분은 온 우주의 주인이시며, 모든 부조화한 것들이 그리스도 안에서 목적을 찾아 통일됩니다. 머지않아 만물이 하나되어 모든 것의 머리 되시는 그리스도께 경배하는 날이 올 것입니다.

성도의 삶은 그 소명의 위대함과 고상함을 반영해야 합니다. 하나님이 우리를 사랑하신 방식이 우리가 서로 사랑해야 하는 방식이자 믿음의 공동체의 핵심입니다. 겸손과 온유로 서로 용납해야 하며, 사랑 안에서 함께 자라며 서로를 도와야 합니다. 하나님은 교회 안에 다양한 은사를 가진 사람들을 세우시고 그들을 섬김으로 성도를 온전하게 하며 그리스도의 몸인 교회를 세우십니다.

에베소서는 영적 전쟁에 대한 가르침을 절정에 두고 마무리됩니다. 그리스도의 능력을 의지하여 힘을 얻고 하나님이 주시는 전신 갑주로 무장하여 전투에 임하는 사람은 승리할 것입니다. 모든 통치와 권세와 주권이 이미 승리하신 예수 그리스도께 있기 때문입니다. 이 영적 전쟁의 목표는 예수 그리스도의 복음을 전파하고 이 땅 가운데 그리스도의 몸인 교회를 세우고 자라나게 하는 것입니다. 거룩하게 자라 가는 성도들의 삶과 그들의 승리를 통하여 만유의 통치자이신 예수님은 합당한 영광을 받으실 것입니다.

성경수업
돌아보기

❶ 그리스도를 따르는 자들에게 닥치는 (   )과 (   )이 무엇인지 바울은 그 누구보다 잘 알고 있었습니다. 그럼에도 바울은 거리낌 없이 그리스도의 (   )와 (   )을 전하며 교회와 성도들을 진심으로 격려하고 권면했습니다. (바울서신 2에 들어가며)

❷ 바울 서신이 가지고 있는 공통적인 이중 구조가 있습니다. 먼저 사도 바울은 하나님이 우리를 위해 행하신 (   )를 선포합니다. 그리고 그 (   )를 입은 우리가 어떻게 (   ) 하는지 권면합니다. (성경수업 Lesson 1)

❸ 사랑의 하나님은 우리를 (   )하고 (   )이 없게 하시려고 선택하셨습니다. 그리고 그 선택의 근거는 하나님의 (   )입니다.
(성경수업 Lesson 2)

❹ 에베소서는 (   )이 현재 진행형이라는 사실과 그 주권이 얼마나 광범위하고 강력한지를 가르쳐 줍니다. 또한 그리스도의

(　　　)가 삶의 모든 영역, 보이지 않는 영역까지 미친다는 사실을 보여 줍니다. 성경수업 Lesson 3

❺ 에베소서 4-6장에 나타나 있는 "구원의 은혜를 받은 그리스도인들의 삶" 을 바르게 연결해 보세요. 성경수업 Lesson 4

1. 공동체 안에서의 관계 •

    • a. 너희가 부르심을 받은 일에 합 당하게 행하여

2. 공동체 안의 다양성 •

    • b. 우리의 씨름은…이 어둠의 세상 주관자들과 하늘에 있는 악의 영들을 상대함이라

3. 그리스도인의 삶의 대전제 •

    • c. 어떤 사람은 복음 전하는 자로, 어떤 사람은 목사와 교사로 삼 으셨으니

4. 영적 전쟁 •

    • d. 모든 겸손과 온유로 하고 오래 참음으로 사랑 가운데서 서로 용납하라

정답

1. 어려움, 환난, 십자가, 부활 2. 구원의 역사, 구원의 은혜, 살아가야 3. 거룩, 흠, 기쁘신 뜻 4. 그리스도의 주권, 통치 5. 1 → d, 2 → c, 3 → a, 4 → b

❶ 나는 나의 삶의 모든 영역에서 그리스도를 얼마나 드러내며 살고 있나요? 나는 예수 그리스도의 피 값으로 사신 그리스도의 몸된 공동체의 지체(몸의 일부)답게 살아가고 있나요?

❷ 교회는 그리스도를 머리로 하는, 그리스도의 몸된 공동체입니다. 이 말은 내가 그리스도의 몸이라는 뜻입니다. 하나님이 나에게 주신 은사는 무엇인가요? 그 은사로 나는 그리스도의 교회와 공동체를 어떻게 섬길 수 있나요?

❸ 나를 통하여 하나님과 교회의 영광이 드러나는 한 주간이 되기 위해 내가 실천할 수 있는 것들을 나누어 봅시다.

기도로 함께
소망하며

❶ 성경 말씀에 기초해, 찬양과 감사의 기도를 드립니다.

너희는 모든 악독과 노함과 분냄과 떠드는 것과 비방하는 것을

모든 악의와 함께 버리고 서로 친절하게 하며 불쌍히 여기며 서로 용서하기를

하나님이 그리스도 안에서 너희를 용서하심과 같이 하라

에베소서 4:31-32

❷ 일상의 변화를 소망하며, 회개와 결단의 기도를 드립니다.

❸ 서로를 위해, 또 교회를 위해 기도합니다.

하나님을 향한

찬양

시편 133편 1-3절

보라

형제가 연합하여 동거함이

어찌 그리 선하고 아름다운고

머리에 있는 보배로운 기름이

수염 곧 아론의 수염에 흘러서

그의 옷깃까지 내림 같고

헐몬의 이슬이

시온의 산들에 내림 같도다

거기서 여호와께서 복을 명령하셨나니

곧 영생이로다

3

바울서신 3

성경읽기 골로새서 1-4장,
데살로니가전서 1-5장,
데살로니가후서 1-3장,
디모데전서 1-6장,
디모데후서 1-4장,
디도서 1-3장, 빌레몬서 1장

성경수업 그 아들 안에서

성경나눔

Lesson 1 그리스도와의 연합
Lesson 2 그가 강림하실 때
Lesson 3 그리스도의 말씀을 따르라
Lesson 4 "위의 것을 찾으라"
Lesson 5 "너희가 나를 사랑하면"

바울서신 3에
들어가며

신약성경에는 열세 편의 바울서신이 담겨 있습니다. 바울은 이 편지들에서 복음에 대한 주요 개념들을 가르치는데, 이것은 그리스도의 십자가와 부활을 이해하는 데서 시작됩니다. 사도 바울이 여러 교회와 개인에게 보낸 이 서신들은 수신자인 각 교회와 개인이 직면한 구체적 상황을 배경으로 하여 예수님의 구원 사역과 성도의 삶을 설명한다는 공통점이 있습니다. 예를 들어 골로새 교회에는 예수님에 대한 거짓 가르침이 있었고, 데살로니가 교회 성도들은 종말론으로 인해 혼란을 겪고 있었습니다. 한편 디모데전후서는 바울이 아들처럼 여기던 사역자 디모데에게 보낸 편지이고, 디도서와 빌레몬서는 바울이 특정 개인에게 보낸 편지입니다. 하나님은 그분의 모든 뜻(사도행전 20:27)을 알 수 있도록 바울을 통해 여러 편지를 주셨습니다. 우리는 이 편지들이 바울의 최초 수신자들뿐만 아니라 오늘날의 교회와 성도들을 향해서도 하나님의 뜻을 전하고 있다는 점을 기억해야 합니다.

이번 주는 골로새서부터 빌레몬서까지를 통독합니다. 성경수업을 통해서는 성도들의 삶의 원리가 예수님과 어떻게 연결되는지, 그리고 바울서신이 전하는 주요 주제는 무엇인지 살펴보겠습니다.

리딩지저스 6권 3강: 바울서신 3

QR코드를 찍으면 '바울서신 3' 리딩지저스 영상으로 바로 연결됩니다. 또는 유튜브에서 '리딩지저스 바울서신 3'을 검색하여 시청할 수 있습니다. '성경읽기'와 '성경공부'를 시작하기 전에 리딩지저스 영상을 시청하면 도움이 됩니다.

QR코드를 찍으면 **리딩지저스 오디오 바이블**로 연결됩니다. 45주 성경통독 일정에 맞추어 제작된 **오디오 바이블**을 통해 매일의 성경통독 분량을 부담 없이 완독할 수 있습니다. 그리스도 중심 성경읽기 《리딩지저스》와 함께하는 성경통독을 통해 하나님과 동행하는 하루하루가 되기를 소망합니다.

이번 주 성경읽기 스케줄

주일	리딩지저스 영상 시청, 성경수업 읽기			
	기본 읽기		**핵심 읽기**	
월	골 1-4장	완독	골 3장	
화	살전 1-5장		살전 4장	
수	살후 1-3장		살후 2장	
목	딛전 1-6장		딛전 6장	
금	딛후 1-4장		딛후 3장	
토	딛-몬		딛 2장	

1일차 위의 것을 찾으라

기본 읽기 골로새서 1-4장
핵심 읽기 골로새서 3장

골로새서는 바울이 골로새 교회 성도들에게 보낸 편지입니다. 이 편지를 통해 바울은 골로새 교회의 성도들에게 복음의 원리를 설명하고, 복음을 믿는 성도의 삶이 어떠해야 하는지를 가르쳐 줍니다. 바울은 그리스도께서 교회의 머리이심을 이야기하면서 그분의 복음이 이방인 가운데 얼마나 풍성한지 그들이 알기를 원합니다(1:27). 이어서 바울은 복음을 받았으니 그리스도 안에서 뿌리를 든든히 박고 행하라고 권합니다. 바울은 우리를 거스르고 불리하게 하는 법조문으로 쓴 증서를 그리스도께서 십자가로 지우시고 이기셨기 때문에 우리는 이제 위의 것을 찾아야 한다고 권면합니다. 땅의 것, 곧 음란과 부정과 사욕과 악한 정욕과 탐심을 버리고 그리스도로 말미암은 새사람을 입으라는 것입니다. 이외에도 바울은 이 편지의 후반부에서 그리스도인의 삶에 대하여 다양하게 권면합니다.

2일차 깨어 정신을 차릴지라!

기본 읽기 데살로니가전서 1-5장
핵심 읽기 데살로니가전서 4장

데살로니가전서는 바울이 데살로니가 교회에 보낸 두 편의 편지 중 첫 번째 편지입니다. 바울은 편지의 시작에서 데살로니가 교회 성도들에게 위로와 격려를 보냅니다. 바울은 자신이 얼마나 정성을 다하여 데살로니가 교회 성도들에게 복음을 전하며 사역했는지 서술하면서 환난을 참고 견디는 성도들을 다시금 격려합니다. 바울은 그들이 환난을 더욱 잘 견디고 거룩함을 잃지 않으며 부활의 소망을 품고 살아가길 부탁합니다. 특히 바울은 편지의 마지막에서 예수님의 재림에 대하여 구체적으로 설명합니다. 그날은 도둑같이 임할 것이니 깨어 정신을 차리고 있으라고 합니다. 바울은 "항상 기뻐하라, 쉬지 말고 기도하라, 범사에 감사하라"라는 권면을 포함한 당부의 인사를 건네며 편지를 마무리합니다.

3일차 굳건하라!

기본 읽기 데살로니가후서 1-3장
핵심 읽기 데살로니가후서 2장

바울은 데살로니가 교회에 두 번째 편지를 보내어 다시금 교회를 위로하고 권면합니다. 데살로니가후서는 전서에 비하면 길이가 짧지만, 권면하는 내용에는 큰 차이가 없습니다. 바울은 여기서도 교회가 겪는 환난을 위로합니다. 언젠가 그리스도께서 강림하시면 하나님을 모르는 자들과 복음에 복종하지 않는 자들을 심판하실 것이니 성도들은 굳건하게 서서 사도들에게서 받은 가르침을 지켜야 한다는 말합니다. 그때가 올 때까지 성도들은 게으르지 않고 선을 행하는 일에 최선을 다해야 한다고 권면합니다. 이러한 당부를 끝으로 바울은 데살로니가 교회를 향한 권면을 모두 마무리합니다.

4일차 그리스도의 일꾼으로 살아가려면

기본 읽기 디모데전서 1-6장
핵심 읽기 디모데전서 6장

우리가 지금까지 읽은 서신서들이 주로 '교회에게 주는 편지'였다면, 디모데전후서, 디도서, 빌레몬서는 말 그대로 '개인에게 주는 편지'입니다. 디모데전서는 바울이 아들처럼 여긴 사역자 디모데에게 보낸 두 편의 편지 중 첫 번째 편지입니다. 바울은 편지를 통해 디모데에게 교회의 지도자가 갖추어야 할 덕목을 상세하게 전합니다. 바울은 기도에 대한 가르침과 감독, 집사의 가르침 등을 전하며, 그리스도 예수의 좋은 일꾼이 되기 위하여 양육을 받으라고 권합니다. 또한 성도를 대하는 법에 대한 상세한 가르침과 경건에 대한 가르침을 주고, 마지막으로 믿음의 선한 싸움을 싸울 것을 권면합니다.

5일차 하나님의 일꾼으로 자신을 드리기

기본 읽기 디모데후서 1-4장
핵심 읽기 디모데후서 3장

바울은 디모데에게 두 번째 편지를 보내 첫 번째 편지에서 하지 못했던 말을 전달합니다. 바울은 디모데를 간절히 그리워합니다. 그러면서 바울은 디모데에게 그리스도의 좋은 병사가 되어 자신과 함께 고난을 받으라고 권면합니다. 또한 진리의 말씀을 분별하고 헛된 말과 생각을 조심하라고 당부합니다. 다양한 죄악 가운데 거하며 경건의 능력은 없으면서 경건의 모양만 갖춘 사람들은 피하고, 오직 성경을 통하여 배우고 확신한 일에 거하여 말씀을 끝까지 전파하라고 당부합니다. 바울은 4장에서 자신의 평생 사역을 정리하면서 하나님이 예비하셨을 면류관에 대해 말하고, 옥에 갇힌 자신을 위한 사적인 당부를 몇 가지 남깁니다. 이러한 바울의 당부는 오늘날 우리에게도 유효합니다.

6일차 하나님의 사람들에게

기본 읽기 디도서 1장 - 빌레몬서 1장
핵심 읽기 디도서 2장

디도서와 빌레몬서 역시 디모데전후서처럼 특정한 사람에게 발송한 바울의 편지입니다. 디도서는 그레데(크레타 섬)의 사역자 디도에게 보낸 편지이고, 빌레몬서는 동역자 빌레몬에게 보낸 편지입니다. 바울은 디도에게 장로를 세우라고 당부하면서 좋은 지도자의 조건을 알려 줍니다. 또한 빌레몬서에서는 바울이 빌레몬의 종으로 있다가 도망간 것으로 추정되는 오네시모에 대하여 빌레몬에게 선처를 부탁하는 내용이 있습니다. 이 두 편의 글은 연약한 사람을 변화시킨 복음의 능력을, 그리고 복음을 받은 자의 삶은 어떠해야 하는지를 잘 보여 줍니다.

그 아들 안에서

믿음 안에서 참 아들 된 디모데에게
편지하노니 하나님 아버지와
그리스도 예수 우리 주께로부터
은혜와 긍휼과 평강이 네게 있을지어다
디모데전서 1장 2절

Lesson 1   그리스도와의 연합

바울은 서신서 여러 곳에서 그리스도와의 연합에 대해 다양하게 설명합니다. 이를 이해하려면 바울이 사용하는 '그리스도 안에서'라는 말에 주목해야 합니다. 이는 그리스도께서 행하신 일을 통해서 얻게 되는 구원을 의미하는 표현으로, 골로새서 1장 14절에 그 쓰임이 잘 드러나 있습니다. "그 아들 안에서 우리가 속량 곧 죄 사함을 얻었도다." 이 표현은 성도들이 그리스도와 연합되어 있는 상태를 의미하기도 하는데, 골로새서 2장 12절에서 이를 확인할 수 있습니다. "너희가…그 안에서 함께 일으키심을 받았느니라." 또한 바울은 그리스도와의 연합을 설명하는 용어로서 '그리스도와 함께', '그리스도와 합하여'라는 표현도 사용합니다. 이것은 연합의 개념 안에 신자들이 갖는 특권뿐 아니라 그들이 경험하는 것과 행해야 할 바가 포함되어 있음을 보여 줍니다. 그리스도와의 연합은 예수님의 죽음이 나의 죽음이 되고, 그분의 부활이 나의 부활이 되는 일입니다.

내가 그리스도와 함께 십자가에 못 박혔나니 그런즉 이제는 내가 사는 것이 아니요 오직 내 안에 그리스도께서 사시는 것이라 이제 내가 육체 가운데 사는 것은 나를 사랑하사 나를 위하여 자기 자신을 버리신 하나님의 아들을 믿는 믿음 안에서 사는 것이라(갈라디아서 2:20)

사도 바울은 이외에도 여러 은유적 표현을 사용하여 그리스도와 성도 간의 연합을 이해할 수 있도록 돕습니다. 예를 들어, '그리스도로 옷 입다'라는 표현을 사용하여 믿는 자들의 정체성을 말하기도 합니다(갈라디아서 3:27). 또는 예수님은 머리이시고 교회는 그분의 몸이라고 표현하기도 하고(에베소서 1:22-23, 4:15-16; 골로새서 1:19, 2:19), 건축의 비유를 들어 예수님이 모퉁이 돌이 되시고 성도는 그와 연결되어 '성전'이 되어 간다는 묘사를 하기도 합니다(에베소서 2:20-21). 특별히 그리스도께서 남편이시며 교회가 아내라는 결혼의 은유를 통해 그리스도와의 연합이 인격적이며 영적인 연합임을 가르쳐 줍니다.

누구든지 그리스도와 합하기 위하여 세례를 받은 자는 그리스도로 옷 입었느니라(갈라디아서 3:27)

우리는 그리스도와 연합함으로써 예수님의 의로움이 내 것이 되었다는 기쁨과 감격을 누리게 됩니다. 동시에 우리는 그리스도와의 연합 안에서 성도들 안에 거하시는 성령님의 사역을 통해 우리의 구원을 변화된 삶으로 표현하며 성령의 열매를 맺습니다.

그가 강림하실 때

'이미'와
'아직'

바울서신을 통독하는 동안 우리는 예수 그리스도의 십자가와 부활로 인해 새로운 구원 역사가 열린 사실을 발견할 수 있습니다. 예수님이 이 땅에 오시기 '이전'은 첫 사람 아담이 대표하는 시대로, 죄와 사망, 고통과 환난의 시대였습니다. 그러나 예수님의 죽음과 부활로 말미암아 시작된 '새 시대'는 그리스도 안에서 얻는 생명과 기쁨, 안식과 소망의 시대입니다.

'이전 시대'와 '새 시대', 이렇게 시대를 구분하는 개념은 바울이 독창적으로 만든 것이 아닙니다. 바울과 예수님 당시의 사람들, 특히 유대인들에게 '두 세대'는 친숙한 개념이었습니다. 포로 생활에서 돌아왔지만 여전히 강력한 외부 세력에 의해 고통받고 있던 유대인들은 하나님이 반드시 자신들을 회복하시리라고 소망했습니다. 그들은 구약의 선지자들을 통해 약속하신 대로 하나님이 강한 팔과 권능으로 이스라엘의 영광을 회복하시는 날이 올 것이라는 희망을 품고 살았습니다. 그래서 자신들이 살아가는 현재를 '이 세대'(this age)라고 불렀고, 하나님이 오셔서 영광 가운데 자신들을 완벽히 회복시키실 때를 '오는 세대'(the age to come)라고 불렀습니다.

바울서신에서는 이러한 두 시대의 개념을 '예수 그리스도의 십자가와

예수님의 죽음과 부활로 말미암아 시작된 **새 시대**는 그리스도 안에서 얻는 **생명과 기쁨, 안식과 소망**이 있는 시대입니다.

부활'로 다시 해석합니다. 이 세대가 끝나야 오는 세대가 시작된다는 유대교의 개념과 다르게 바울서신에서는 이 시대와 오는 시대가 겹치는 부분이 있습니다. 그리스도의 십자가와 부활로 새로운 시대가 이미 시작되었어도, 그 완성은 그리스도께서 다시 오실 재림의 날에 이루어지기 때문입니다. 즉, '이미 시작되었으나 아직 완성되지 않은' 시대라는 뜻입니다.

그리스도께서 죽은 자 가운데서 '이미' 다시 사셨습니다. 그분은 높아지셔서 하나님 우편에 '이미' 앉으셨습니다. 하지만 이 땅에 있는 우리 삶에는 '아직'의 측면이 여전히 남아 있습니다. 그리스도께서 '이미' 구속을 성취하셨지만 우리는 '아직' 이 세상의 죄와 계속 씨름해야 합니다. 그리스도께서 '이미' 죄와 사망의 권세를 이기셨지만, '아직' 악을 완전히 멸하지는 않으셨습니다. 새 시대는 예수님이 다시 오실 재림의 날에 비로소 완성될 것입니다. 따라서 '이미'와 '아직' 사이에 있는 성도들은 예수님의 부활의 날을 살아가면서 재림의 날을 기다립니다. 또한 만물을 온전히 완성하실 그분을 소망합니다.

예수 그리스도의 재림은 사도 바울이 데살로니가 교회에 보낸 서신의 중심 주제이기도 합니다. 당시 데살로니가 교회의 성도들은 핍박과 병고로 목숨을 잃은 지체들 때문에 슬퍼하고 있었습니다. 사도 바울은 이들을 위로하며 그리스도 안에서 잠들어 있는 성도와 살아 있는 성도 모두가 그분이 강림하실 때 그리스도의 영광에 참여할 것이라고 가르칩니다. 그리고 그날은 도둑같이 임할 것이니 깨어 있으라고 권면합니다.

> 예수께서 우리를 위하여 죽으사 우리로 하여금 깨어 있든지 자든지 자기와 함께 살게 하려 하셨느니라(데살로니가전서 5:10)

> 주의 날이 밤에 도둑같이 이를 줄을 너희 자신이 자세히 알기 때문이라(데살로니가전서 5:2)

바울은 성도들에게 현재 당하는 고난이 영원하지 않다는 것을 상기시키면서 그리스도께서 강림하시면 하나님의 공의로운 심판이 있을 것이라고 말합니다. 또한 예수님이 이미 재림하셨다거나 재림하지 않으실 것이라는 잘못된 주장들을 엄히 꾸짖습니다. 바울은 미래에 임할 주의 날이 이미 여기 임한 것처럼 재림에 대한 믿음과 소망을 품고 현재를 살아가라고 당부합니다.

그리스도의 말씀을 따르라

**복음을
받은 자의 삶**

앞에서 살펴본 서신서들이 주로 교회에 보낸 것이라면, 디모데전후서, 디도서, 빌레몬서는 개인에게 보낸 편지입니다. 디모데전후서는 사도 바울이 아들처럼 여기던 사역자 디모데에게 보낸 편지입니다. 사도 바울은 이 편지에서 교회 지도자가 갖추어야 할 덕목을 디모데에게 상세히 전합니다. 아울러 감독과 집사의 자격, 기도에 관해 가르치면서 예수 그리스도의 좋은 일꾼이 되기 위하여 양육을 받으라고 권합니다.

특별히 경건에 대한 올바른 가르침을 주면서 그리스도의 말씀을 따르지 않는 사람은 헛된 변론과 언쟁, 분쟁과 비방, 돈에 대한 시험과 올무에 걸린다고 경고합니다. 그러므로 진리의 말씀을 분별하고 헛된 말과 생각을 조심하라고 가르칩니다. 또한 경건의 능력은 없으면서 경건의 모양만 갖춘 사람들을 피하고, 오직 성경을 통해 배우고 확신한 일에 거하며 말씀을 끝까지 전파하라고 당부합니다.

> 너는 진리의 말씀을 옳게 분별하며 부끄러울 것이 없는 일꾼으로 인정된 자로 자신을 하나님 앞에 드리기를 힘쓰라(디모데후서 2:15)

우리가 지금까지 살펴본 서신서들이 주로 교회에게 주는 편지였다면, **디모데전후서, 디도서, 빌레몬서**는 개인에게 주는 편지입니다.

디도서와 빌레몬서 역시 디모데전후서처럼 특정한 개인에게 보낸 바울의 편지입니다. 디도서는 그레데의 사역자 디도에게, 빌레몬서는 동역자 빌레몬에게 보낸 편지입니다. 바울은 디도에게 장로를 세우라고 당부하면서 좋은 지도자의 조건을 가르칩니다. 당시 그레데 사람들은 거짓말을 많이 한다는 부정적인 이미지를 가지고 있었습니다. 그렇기 때문에 말과 행동에서 책망할 것이 없도록 하라는 바울의 권면은 상당히 중요했습니다. 한편 바울은 빌레몬에게 그의 종으로 있다가 도망간 것으로 추정되는 오네시모를 선처해 달라고 부탁하는 짧은 편지를 보냅니다. 이 두 편지는 연약한 사람을 변화시키는 복음의 능력이 무엇인지, 복음을 받은 사람의 삶은 어떠해야 하는지를 보여 줍니다.

Lesson 4   **"위의 것을 찾으라"**

**성령을
따르는 삶**

바울서신에서 언급하는 '영적인 사람'은 그리스도 안에 있는 사람, 성령을 소유한 사람, 성령 안에서 행하는 사람을 의미합니다. 바울은 그리스도를 믿기 전에는 육체에 거하던 사람들이 그리스도 안에서 그분과 연합함으로써 성령의 사람이 된다고 이야기합니다.

> 만일 우리가 성령으로 살면 또한 성령으로 행할지니(갈라디아서 5:25)

우리는 성령을 따르는 삶으로 예수 그리스도께서 주신 구원과 생명을 드러낼 수 있습니다. 그리스도 안에 있는 성도는 육체와 함께 그 정욕과 탐심을 십자가에 못 박고 자기 삶 가운데 성령의 열매를 맺으며 살아갈 수 있다는 것입니다(갈라디아서 5:22-24). 이처럼 사도 바울은 여러 서신서에서 성령을 따라 사는 삶과 육체를 따라 사는 삶, 곧 '위의 것'을 찾는 삶과 '땅의 것'을 찾는 삶을 반복해서 대조합니다.

> 그러므로 너희가 그리스도와 함께 다시 살리심을 받았으면 위의 것

을 찾으라 거기는 그리스도께서 하나님 우편에 앉아 계시느니라 위의 것을 생각하고 땅의 것을 생각하지 말라(골로새서 3:1-2)

그리고 음란과 방탕, 욕심, 분노, 분쟁, 비방, 거짓말 등으로 나타나는 육체를 따르는 삶, 곧 '땅의 것'을 찾는 삶을 벗어 버리고(골로새서 3:8-9), 긍휼과 자비, 겸손과 온유, 오래 참음으로 옷 입고 서로 용납하고 용서하며 사랑을 더함으로써 나타나는 성령을 따르는 삶, 곧 '위의 것'을 찾는 삶을 살라고 권면합니다(골로새서 3:12-14).

구원의 은혜와 성도의 삶은 분리될 수 없습니다. 예수 그리스도를 믿고 그분과 연합함으로써 성령을 받은 성도들은 하나님의 자녀이자 새로운 피조물로서 살아가도록 부름받았습니다. 그러므로 성도들은 자신의 소명을 실천하며 그리스도 안에서 누리는 사랑과 은혜에 합당한 삶을 살아야 합니다.

Lesson 5   "너희가 나를 사랑하면"

모든 영역에서
그리스도를
인정하는 삶

바울서신이 다루는 주요 주제들은 복음의 핵심과 우리 삶의 모습에 대한 이해의 틀을 제공하며 진리를 바라보게 합니다. 우리는 이 세상을 하나님 나라의 시민으로 살아갑니다. 세상적 윤리와 성경적 윤리의 긴장 사이에서 우리는 그리스도를 따르며 그분의 뜻과 모범과 명령에 따라 살고자 노력합니다. 반대로 세상은 우리를 그리스도에게서 멀어지도록 잡아당깁니다. 세상은 우리를 향해 자신의 즐거움을 구하고 자신을 섬기는 일을 하라고 유혹합니다. 반면 그리스도는 "너희가 나를 사랑하면 나의 계명을 지키리라"(요한복음 14:15)라고 말씀하십니다. 나아가 예수님을 향한 사랑은 형제를 향한 사랑으로 표현됩니다. 우리가 바울서신을 올바로 해석한다면, 하나님과 이웃을 더욱 사랑하게 될 것입니다.

　기독교 신앙은 그리스도께 헌신하는 사람들의 공동체 안으로 우리를 부릅니다. 우리는 고립된 개인이 아닌 공동체의 일원입니다. 따라서 예수님의 계명을 따르고자 할 때 우리는 공동체 안에서 행하게 되는데, 이는 우리가 생각해 낸 방법이 아니라 하나님의 생각입니다. 성도는 모든 시대와 전 세계를 아우르는 하나님의 백성 공동체의 한 부분이요, 한 몸의 지체입니다. 이처럼 하나님과 이웃을 향하도록 부름받은 우리의 사랑은 공동체 안에서 실현되는 것이어야 합니다.

> 그리스도께서 너희를 사랑하신 것같이 너희도 사랑 가운데서 행하라 그는 우리를 위하여 자신을 버리사 향기로운 제물과 희생제물로 하나님께 드리셨느니라(에베소서 5:2)

그리스도를 향한 사랑과 헌신이 있는 곳은 변화가 일어납니다. 신실하게 그리스도를 따르는 곳에서는 이 세상을 향한 영향력이 드러납니다. 하나님 나라는 삶의 모든 영역에 대한 것이며, 하나님의 구원 계획은 우리가 이해하고 인정하는 것보다 더 크고 깊고 오묘합니다. 우리의 생각보다 크신 하나님의 놀라운 은혜와 구원 계획은 이 세상의 모든 개인과 연관이 있습니다. 우리는 삶의 모든 영역에서 그리스도께 신실해야 합니다. 그럴 때 그곳에서 시작되는 변화를 목도하게 될 것입니다. 복음 안에서 우리는 변화될 수 있습니다. 성령의 능력은 실제이며, 승리하신 그리스도의 영이 우리 가운데 계시기 때문입니다.

READING JESUS

리딩지저스
: 그리스도 중심으로 읽는 바울서신 3

바울서신에는 다양한 신학적 주제가 들어 있습니다. 이 모든 주제는 그리스도 없이는 결코 나올 수 없는 내용들입니다. 그리스도를 통해 시작된 새로운 시대인 '올 시대'는 구약의 모든 선지자가 고대하던 그 시대입니다. 이사야, 예레미야, 에스겔과 같은 선지자들이 꿈꾸던 약속의 시대가 예수 그리스도를 통해 도래했습니다. 이것이 바로 복음의 시작이었고 하나님 나라의 서막이었습니다.

예수님은 아담의 시대를 종식시키고 새로운 시대를 열어 자신을 믿는 자들, 곧 그리스도와 연합한 자들에게 더 이상 육이 아니라 영으로 살도록 해 주셨습니다. 율법이 아니라 복음으로, 죄악이 아니라 은혜로, 절망과 사망이 아니라 소망과 생명으로 인도하셨습니다. 육체에 매여 죄악 가운데 살아가던 자들이 이제는 성령으로 인하여 하나님 나라를 유업으로 받게 되었습니다. 우리는 그리스도와 연합하여 새 생명이 되었습니다. 이 모든 일의 중심에는 그리스도의 십자가와 부활이 있습니다.

이 복음을 깨닫고 복음의 능력을 맛본 사람들은 빛 가운데로 걸어갑니다. 구약 시대의 많은 사람이 보고 싶어도 보지 못했고 듣고 싶어도 듣지 못했던 그 복음을 바탕으로 우리는 오늘을 살아갑니다.

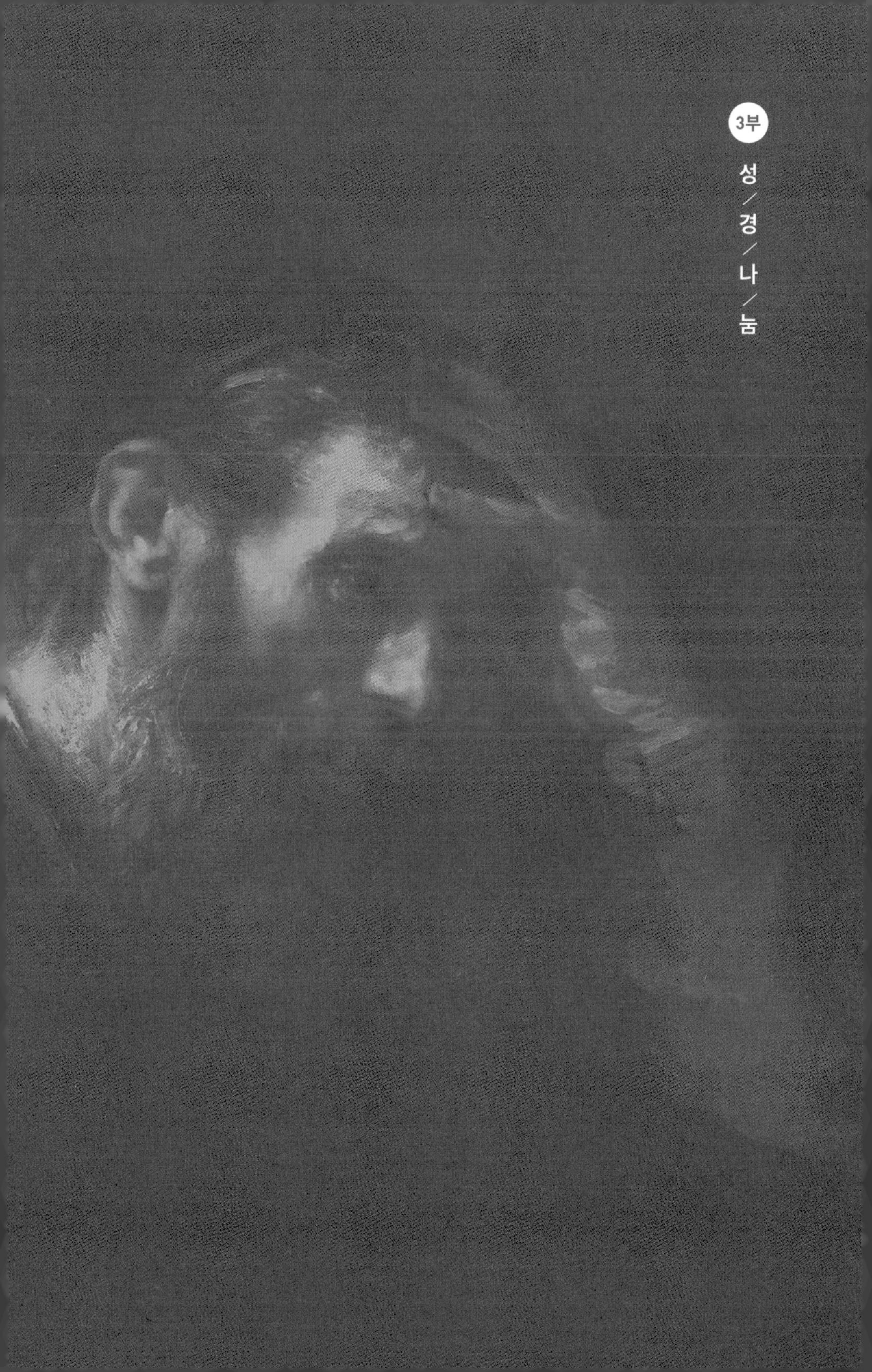

3부

성경 나눔

바울서신이 가르치는 복음의 개념들은 그리스도의 십자가와 부활을 이해하는 데서 시작됩니다. 우리는 이 편지들이 바울의 최초 독자들뿐만 아니라 오늘날 교회와 성도들을 향한 하나님의 말씀을 전달하고 있다는 점을 기억해야 합니다. 바울서신이 다루는 주요 주제 중 하나인 그리스도와의 연합은 '그리스도 안에서'라는 말로 자주 표현됩니다. 이는 그리스도가 행하신 일을 통해 얻는 구원, 성도들이 그리스도와 연합되어 있는 상태를 의미합니다. 성도들은 그리스도와 연합함으로써 그의 죽음과 부활에 동참하며, 그리스도의 의를 입고 거룩함으로 자라 갑니다.

예수님의 죽음과 부활로 인해 생명과 기쁨, 안식과 소망이 있는 새로운 시대가 시작되었습니다. 새 시대는 예수님이 다시 오실 재림의 날에 비로소 완성될 것입니다. 한편 사도 바울은 예수님이 이미 재림하셨다거나 재림하지 않으실 것이라는 잘못된 주장들을 엄히 꾸짖습니다. 바울은 현재 당하는 고난이 영원하지 않다는 것을 상기시키면서 그리스도께서 강림하시면 하나님의 공의로운 심판이 있고 성도들이 그리스도의 영광에 참여한다고 가르칩니다. 그리고 미래에 임할 주의 날이 이미 여기 임한 것처럼 재림에 대한 믿음과 소망으로 현재를 살아갈 것을 당부합니다.

바울서신은 수신자인 각 교회와 개인이 직면한 구체적인 상황을 배경으로 예수님의 구원 사역과 성도의 삶을 설명합니다. 그중에서도 디모데전후서, 디도서, 빌레몬서는 개인에게 보낸 편지인데, 이 서신들은 사람을 변화시키는 복음의 능력과 이를 증거하는 변화된 사람의 삶에 대해 보여 줍니다.

바울서신에서 언급하는 '영적인 사람'은 그리스도 안에 있는 사람, 성령을 소유한 사람, 성령 안에서 행하는 사람을 의미합니다. 곧 성령을 따라 살아가며 예수 그리스도께서 주신 구원과 생명을 드러내는 사람입니다. 사도 바울은 성령을 따라 사는 삶, 곧 '위의 것'을 찾는 삶을 살라고 권면하면서 육체를 따라 사는 삶, 곧 '땅의 것'을 찾는 삶을 버리라고 가르칩니다.

우리가 바울서신을 바르게 해석하면 예수님을 더욱 사랑하게 되고 그분의 계명을 따르고자 할 것입니다. 부름받은 믿음의 공동체에서 하나님과 이웃을 향한 사랑을 실천할 것입니다. 하나님 나라는 삶의 모든 부분에 대한 것이기에 우리는 모든 영역에서 그리스도께 신실해야 합니다. 그리스도를 향한 진정한 사랑과 헌신이 있는 공동체에서는 변화가 일어납니다. 복음 안에서 우리는 변화될 수 있습니다. 승리하신 그리스도의 영이 우리 가운데 계시기 때문입니다.

❶ 바울서신은 그리스도와의 연합이라는 개념을 여러 곳에서 다양하게 설명
합니다. 다음 문장을 완성해 보세요. (성경수업 Lesson 1)

- '그리스도 (   )'라는 표현은 성도들이 그리스도와 연합되
어 있는 상태를 표현합니다.

- 바울은 그리스도와의 연합을 설명하는 말로 '그리스도와 (   )',
'그리스도와 (   )'라는 표현도 자주 사용합니다.

- 우리는 그리스도와 연합함으로써 예수님의 (   )이 내 것이
되었다는 기쁨과 감격을 누립니다.

- 우리는 우리가 경험하는 구원을 (   ) 삶으로 표현하여
(   )의 열매를 맺습니다.

❷ 바울은 그리스도께서 강림하시면 하나님의 공의로운 (   )이 있을
것이라고 말합니다. 바울은 (   )에 대한 믿음과 소망으로 미래에 임
할 (   )의 날이 이미 여기 임한 것처럼 현재를 살아갈 것을 당부합니다.
(성경수업 Lesson 2)

❸ 사도 바울은 디모데전후서에서 (   )가 갖추어야

할 덕목을 디모데에게 상세하게 전합니다. 아울러 그는 예수 그리스도의 좋은 일꾼이 되기 위하여 (   )을 받을 것을 권합니다. (성경수업 Lesson 3)

❹ 바울서신에서 언급되는 '영적인 사람'의 의미는 (   ) 안에 있는 자, (   )을 소유한 자, (   ) 안에서 행하는 자라고 할 수 있습니다. (성경수업 Lesson 4)

❺ 우리는 삶의 모든 영역에서 그리스도께 (   )해야 합니다. 복음 안에서 우리는 (   )될 수 있습니다. (   )의 능력은 실제이며, (   )하신 그리스도의 영이 우리 가운데 계시기 때문입니다.
(성경수업 Lesson 5)

정답

1. 안에서, 함께, 합하여, 의로움, 변화된, 성령 2. 심판, 재림, 주 3. 교회 지도자, 양육 4. 그리스도, 성령, 성령 5. 신실, 변화, 성령, 승리

❶ 그리스도인은 공동체 안의 지체들을 사랑으로 품어 주며 서로 용납하는 삶을 살아가야 합니다. 나는 공동체의 지체들을 얼마나 사랑으로 품어 주고 있는지 생각하고 나누어 봅시다.

❷ 지금 나의 생각과 마음이 헌신하고 있는 곳은 세상인가요, 그리스도인가요?

❸ 그리스도의 몸된 지체로서, 구원받은 그리스도인으로서의 삶을 온전히 살아내는 한 주간이 되기 위해 내가 실천할 수 있는 것들을 나누어 봅시다.

기도로 함께
소망하며

---

❶ 성경 말씀에 기초해, 찬양과 감사의 기도를 드립니다.

하나님이 우리에게 주신 것은 두려워하는 마음이 아니요

오직 능력과 사랑과 절제하는 마음이니

디모데후서 1:7

❷ 일상의 변화를 소망하며, 회개와 결단의 기도를 드립니다.

❸ 서로를 위해, 또 교회를 위해 기도합니다.

하나님을 향한

찬양

시편 25편 4-10절

여호와여 주의 도를 내게 보이시고

주의 길을 내게 가르치소서

주의 진리로 나를 지도하시고 교훈하소서

주는 내 구원의 하나님이시니

내가 종일 주를 기다리나이다

여호와여 주의 긍휼하심과 인자하심이

영원부터 있었사오니

주여 이것들을 기억하옵소서

여호와여 내 젊은 시절의 죄와 허물을 기억하지 마시고

주의 인자하심을 따라 주께서 나를 기억하시되

주의 선하심으로 하옵소서

여호와는 선하시고 정직하시니

그러므로 그의 도로 죄인들을 교훈하시리로다

온유한 자를 정의로 지도하심이여

온유한 자에게 그의 도를 가르치시리로다

여호와의 모든 길은

그의 언약과 증거를 지키는 자에게

인자와 진리로다

4

일반서신 1
(히브리서)

성경읽기 히브리서 1-13장, 야고보서 1-5장
성경수업 믿음의 주, 온전하게 하시는 이
성경나눔

Lesson 1 "권면의 말을 용납하라"
Lesson 2 영원한 대제사장, 예수 그리스도
Lesson 3 교회, 광야 공동체
Lesson 4 믿음을 떠나지 말라
Lesson 5 믿음의 주이신 예수를 바라보는 삶

일반서신 1
(히브리서)에
들어가며

많은 사람들이 히브리서를 교리적 가르침이나 신학적 논의로 여기곤 합니다. 그도 그럴 것이 히브리서는 광범위하고도 심오한 내용을 담고 있기 때문입니다. 히브리서는 전체적으로 '권면'의 요소를 담고 있습니다. 이 사실을 기억할 때 우리는 히브리서가 전달하려는 메시지를 좀 더 분명히 이해할 수 있습니다. 히브리서는 믿음의 위기를 겪고 있는 독자들에게 쓴 '권면의 말'이기 때문입니다. 예를 들어, 믿음의 명단이 기록된 히브리서 11장은 단순히 영웅적 인물들을 나열한 것이 아니라 옛 언약에 속한 인물들을 상기시키며 독자들에게 도전을 줍니다. 아울러 우리는 이러한 권면의 말 바탕에 예수 그리스도의 구원 사역이 있다는 점을 기억해야 합니다.

이번 주는 히브리서와 야고보서를 통독합니다. 성경수업을 통해서는 예수님의 인격과 그분의 사역에서 드러나는 진리가 위기 가운데 있는 사람들을 어떻게 붙잡아 주는지 살펴보겠습니다.

리딩지저스 6권 4강: 일반서신 1 (히브리서)

QR코드를 찍으면 '일반서신 1' 리딩지저스 영상으로 바로 연결됩니다. 또는 유튜브에서 '리딩지저스 일반서신 1'을 검색하여 시청할 수 있습니다. '성경읽기'와 '성경수업'을 시작하기 전에 리딩지저스 영상을 시청하면 도움이 됩니다.

QR코드를 찍으면 **리딩지저스 오디오 바이블**로 연결됩니다. 45주 성경통독 일정에 맞추어 제작된 **오디오 바이블**을 통해 매일의 성경통독 분량을 부담 없이 완독할 수 있습니다. 그리스도 중심 성경읽기 《리딩지저스》와 함께하는 성경통독을 통해 하나님과 동행하는 하루하루가 되기를 소망합니다.

📖 **이번 주 성경읽기 스케줄**

주일	리딩지저스 영상 시청, 성경수업 읽기			
	기본 읽기		핵심 읽기	
월	히 1-3장	완독	히 2장	
화	히 4-6장		히 4장	
수	히 7-9장		히 9장	
목	히 10-13장		히 11장	
금	약 1-3장		약 3장	
토	약 4-5장		약 4장	

1일차 탁월하신 그리스도 1

기본 읽기 히브리서 1-3장
핵심 읽기 히브리서 2장

히브리서의 저자가 누구인지 알려지지 않았기 때문에 학자들은 저자에 대하여 다양한 논쟁을 펼칩니다. 그러나 히브리서의 저자가 누구이든 이 책은 성도들에게 큰 유익을 주는 하나님의 말씀이라는 사실에는 변함이 없습니다. 히브리서 저자는 그리스도가 천사와 비교할 수 없을 정도로 탁월하신 분인 것과 우리가 받은 구원이 얼마나 값지고 귀한지를 밝히며 편지를 시작합니다. 또한 그리스도께서 이 땅에 오신 사건이 어떻게 구약성경을 성취하는지 언급하며 하나님이 우리를 능히 도우시는 분이라고 말합니다. 3장에서는 예수님과 모세를 마치 집을 지은 자와 집에 비유하면서 예수님이 모세보다 더욱 탁월하신 분임을 구약을 인용하여 설명합니다.

2일차 탁월하신 그리스도 2

기본 읽기 히브리서 4-6장
핵심 읽기 히브리서 4장

4장에서는 안식에 대하여 언급합니다. 하나님이 쉬시듯 믿는 이들도 쉼을 누리게 된다는 것입니다. 저자는 우리의 대제사장 되시는 예수 그리스도를 언급하면서 우리도 이 안식에 들어가라고 권면합니다. 이어서 예수님이 아론이 아니라 멜기세덱의 반차를 따라 오셨으나 그들 중 누구보다도 탁월하신 분이라고 재차 강조합니다. 히브리서의 저자는 어린 아기와 '단단한 음식'을 먹는 자의 비유를 들어 말씀을 듣고 분별하는 것에 대하여 언급합니다. 그러면서 주께서 약속하신 것들을 기업으로 받기 위하여 힘쓰라고 격려합니다. 6장에서는 당대에도 다양한 이단 사상이 유행했음을 암시합니다. 저자는 혼탁한 시대에 살아가는 성도들이 처음 갖은 믿음을 지키도록 격려합니다.

3일차 새 언약의 대제사장

기본 읽기 히브리서 7-9장
핵심 읽기 히브리서 9장

7장은 5장에서 잠깐 언급한 멜기세덱을 본격적으로 다룹니다. 저자는 멜기세덱이 아브라함에게 십일조를 받았고 아브라함을 축복했던 사건을 들어, 멜기세덱이 레위 지파 출신의 다른 대제사장보다 탁월한 제사장이었음을 논리적으로 설명합니다. 예수님이 육신으로는 유다 지파의 후손으로 오셨으나 영원히 계시는 분이기에 어떤 대제사장들보다 더욱 탁월하신 분임을 연이어 설명합니다. 또한 그리스도의 십자가는 예수님이 직접 성부 하나님께 드리는 제사였고, 예수님은 제물이시자 대제사장이 되셔서 우리를 속죄하셨다고 가르칩니다. 이렇게 하여 예수님이 새 언약의 대제사장이 되셨음을 설명합니다.

4일차 그리스도를 믿는다는 것

기본 읽기 히브리서 10-13장
핵심 읽기 히브리서 11장

히브리서의 저자는 율법을 "장차 올 좋은 일의 그림자"(10:1)라고 말하며 율법의 한계를 간결하게 정리합니다. 구약의 제사장은 매번 같은 제사를 드려야 했지만, 그리스도는 "죄를 위하여 한 영원한 제사"(10:12)를 드리셨습니다. 이로 말미암아 우리는 더 이상 죄 때문에 제사를 드릴 필요가 없어졌고, 이제 구원함에 이르는 믿음을 가진 자들이 되었다고 설명합니다. 11장에서는 그리스도를 믿는 믿음을 지녔던 구약의 수많은 성도를 언급합니다. 그들은 하나님이 더 좋은 것을 예비하셨음을 알고 있었기에 기꺼이 고난을 받아들인 자들이었습니다. 저자는 12장에서 예수 그리스도를 바라보자고 권면하며 하나님이 주시는 징계의 유익과 배교를 경고합니다. 또한 독자들을 향한 따뜻한 문안과 축복으로 편지를 마무리합니다.

5일차 그리스도인의 믿음과 삶

기본 읽기 야고보서 1-3장
핵심 읽기 야고보서 3장

저자 야고보는 편지의 시작부터 인내와 시험에 대하여, 그리고 낮은 형제와 부한 자에 대하여 언급하는 등 그리스도인의 삶의 모습과 믿음의 태도를 매우 구체적으로 지적합니다. 이어서 저자는 편지를 듣는 것과 행하는 것에 대하여, 그리고 사람을 차별하는 문제에 대해 쉼 없이 편지를 이어 갑니다. 특히 야고보는 2장에서 부유한 자와 그렇지 않은 자에 대해 이야기하면서 매우 구체적으로 성도의 삶을 가르칩니다. 그리고 2장 후반부에서는 "행함이 없는 믿음은 죽은 것"(2:25)이라고 말하며 믿음과 행함을 계속 언급합니다. 또한 3장에서는 그리스도인의 말에 대하여 언급하며 야고보서 전체에 흐르는 '삶으로 보여 주는 믿음'의 원리를 설명합니다.

6일차 하나님을 가까이 하는 삶

기본 읽기 야고보서 4-5장
핵심 읽기 야고보서 4장

야고보서는 4장과 5장에서도 그리스도인의 믿음과 삶에 대하여 재차 이야기합니다. 야고보는 형제와 다투는 근본 원인이 '정욕'에 있다고 지적합니다. 하나님께 기도해도 받지 못하는 것은 정욕으로 쓰려고 잘못 구하기 때문이라는 것입니다. 이에 대하여 야고보는 "하나님을 가까이하라"(4:8)라는 대안을 제시합니다. 이어서 야고보는 그리스도인끼리 서로 비방하지 말고, 허탄한 자랑을 삼갈 것을 이야기하면서 "주께서 강림하시기까지 길이 참으라"(5:7)라고 권면합니다. 이는 무조건 참고 인내하라는 것이 아니라 그리스도의 재림과 심판이 임박했기 때문에 오래 참으면서 형제를 품고 서로를 돌보라는 것입니다. 야고보서를 묵상하면서 우리는 자신의 신앙을 점검하고 더욱 그리스도인다운 삶을 살기 위해 노력해야 합니다.

2부

성 / 경 / 수 / 업

믿음의 주,
온전하게
하시는 이

믿음의 주요 또 온전하게 하시는 이인
예수를 바라보자
그는 그 앞에 있는 기쁨을 위하여
십자가를 참으사
부끄러움을 개의치 아니하시더니
하나님 보좌 우편에 앉으셨느니라
히브리서 12장 2절

"권면의 말을 용납하라"

권면의 서신

히브리서를 이해하는 가장 좋은 방법은 히브리서를 '권면'의 관점으로 읽는 것입니다. 여기서 '권면'은 권고 혹은 명령의 또 다른 표현입니다. 히브리서 본문에 등장하는 권면의 요소는 히브리서 전체를 이해하는 데 매우 중요한 요소입니다. 이는 히브리서 13장 22절에서 잘 드러납니다.

> 형제들아 내가 너희를 권하노니 권면의 말을 용납하라 내가 간단히 너희에게 썼느니라(히브리서 13:22)

이 구절에서 "권면의 말"(word of exhortation)은 '간곡한 권고'나 '경고'를 의미합니다. 또한 영어성경에서 본문의 '말'을 복수 'words'가 아닌 단수 'word'를 사용한 것으로 보아, 여기서 "권면의 말"은 '히브리서 전체'를 가리키는 것으로 볼 수 있습니다.

히브리서의 주요 본문을 살펴보면 히브리서의 구심적인 요소가 '권면'이라는 사실을 더 확실히 알 수 있습니다. 예를 들어 히브리서 2장 1-3절은 이렇게 기록합니다.

그러므로 우리는 들은 것에 더욱 유념함으로 우리가 흘러 떠내려가
지 않도록 함이 마땅하니라…우리가 이같이 큰 구원을 등한히 여기
면 어찌 그 보응을 피하리요 이 구원은 처음에 주로 말씀하신 바요
들은 자들이 우리에게 확증한 바니(히브리서 2:1-3)

히브리서 저자는 불신자나 교회 밖의 사람들이 아니라 자신이 그리스도
인이라고 고백하는 성도들, 곧 교회를 향해 권면합니다.

형제들아 너희는 삼가 혹 너희 중에 누가 믿지 아니하는 악한 마음을
품고 살아 계신 하나님에게서 떨어질까 조심할 것이요 오직 오늘이
라 일컫는 동안에 매일 피차 권면하여 너희 중에 누구든지 죄의 유혹
으로 완고하게 되지 않도록 하라 우리가 시작할 때에 확신한 것을 끝
까지 견고히 잡고 있으면 그리스도와 함께 참여한 자가 되리라(히브리
서 3:12-14)

이러한 권면은 히브리서 6장 3절에서 10장 18절까지 이어지는 본문의
시작과 끝을 이룹니다. 따라서 히브리서를 단지 그리스도의 인격에 대해
논하는 서신으로, 또는 새 언약의 위대함을 주장하는 서신으로만 생각하
면 히브리서의 요점을 놓칠 수 있습니다.

히브리서는 우리가 무엇을 믿어야 하는지, 어떻게 구원을 받는지, 예수
그리스도가 누구이신지, 그분이 무엇을 하셨는지를 가르칩니다. 그리고
권면과 적용과 해결책을 제시합니다. 이는 히브리서 역시 신약성경 전반
에 나타나는 이중 구조로 이루어져 있음을 보여 줍니다. 복음의 내용과 성
도의 삶이 함께 나타나고, 예수 그리스도의 인격과 사역에 대한 이해와 그

결과가 교회를 통해 나타나는 것이 조화를 이룹니다. 히브리서에 기록된 '권면'들은 가르침의 결과나 그 가르침에서 파생된 부차적인 내용이 아니라, 히브리서라는 서신 전체를 형성하는 요소입니다. 따라서 우리는 히브리서를 권면의 서신으로 읽어야 합니다. 그래야만 저자가 의도한 대로 히브리서를 읽어 낼 수 있습니다.

영원한 대제사장, 예수 그리스도

히브리서의 가르침 중에 가장 중요한 주제는 대제사장이 되신 예수 그리스도와 그분의 사역입니다. 히브리서 8장 1-2절은 이렇게 말합니다.

> 지금 우리가 하는 말의 요점은 이러한 대제사장이 우리에게 있다는 것이라 그는 하늘에서 지극히 크신 이의 보좌 우편에 앉으셨으니 성소와 참 장막에서 섬기는 이시라 이 장막은 주께서 세우신 것이요 사람이 세운 것이 아니니라(히브리서 8:1-2)

히브리서 저자는 이 구절에서 서신의 요점, 즉 지금까지 말한 내용과 앞으로 말할 내용의 핵심이 무엇인지 알려 줍니다. 바로 '지극히 크신 이의 보좌 우편에 앉으신 대제사장이 우리에게 있다'는 사실입니다. 히브리서는 영원한 대제사장이신 예수님이 어떤 사역을 행하셨는지 소개한 다음, 구약 시대의 제사장과 옛 언약의 한계를 설명하고 예수님이 얼마나 위대한 대제사장이신지를 보여 줍니다. 구약의 제사장이 행한 사역은 땅에 속한 것으로서 "하늘의 것에 대한 모형"이자 "그림자"였습니다(히브리서 8:5).

이 땅에 오신 예수님은 자신의 희생을 통해 **완전한 제사**를 드리시고 그분의 피로써 더 좋은 언약을 세우셨습니다.

그러나 이제 구약성경이 가리키던 실체가 우리에게 오셨습니다.

　이 땅에 오신 예수님은 자신의 희생을 통해 완전한 제사를 드리시고 그의 피로써 더 좋은 언약을 세우셨습니다. 제의적 정결만 가능하게 했던 옛 언약의 제사와 달리, 그리스도의 피로 드린 새 언약의 제사는 우리의 양심을 깨끗하게 해 살아 계신 하나님을 섬기게 합니다. 자신을 직접 제물로 드리신 예수님의 희생 제사는 매년 드려지는 짐승 제사와 달리 단번에 드려진 완전한 제사였습니다. 단 한 번의 제사로 우리에게 영원한 죄 사함을 허락하신 것입니다.

또한 히브리서는 예수님이 과거에 이 땅에서 행하신 일뿐만 아니라 하늘에 계신 대제사장으로서 지금 하시는 일을 강조합니다.

> 예수는 영원히 계시므로…자기를 힘입어 하나님께 나아가는 자들을 온전히 구원하실 수 있으니 이는 그가 항상 살아 계셔서 그들을 위하여 간구하심이라(히브리서 7:24-25)

이 구절은 승천하신 예수 그리스도께서 우리를 위한 대제사장으로서 지금도 여전히 일하고 계신다고 알려 줍니다. 그분은 자기 백성의 연약함을 동정하시며(히브리서 4:15) 그들을 위해 간구하십니다. 신앙의 위기에 처한 성도들에게 히브리서는 살아 계신 예수 그리스도께서 하나님 우편에 앉아 자신의 백성과 교회를 여전히 돌보신다는 사실을 교훈합니다.

교회, 광야 공동체

예수 그리스도와

함께

─────

히브리서는 교회를 '광야의 이스라엘 공동체'와 비교합니다. 하나님이 약속하신 땅을 향해 나아갔던 이스라엘 백성처럼 그리스도인들은 하나님이 약속하신 영원한 안식을 바라보며 살아갑니다. 두 공동체 모두 이 땅을 종착지로 삼지 않기에 이 땅에 완전한 소망을 두지 않습니다. 둘 다 잠시 머무는 이 땅이 아닌 영원한 본향을 간직하고 살아갑니다.

히브리서 3장 7절에서 4장 13절은 광야의 이스라엘 공동체의 모습을 통해 교회가 배워야 할 교훈을 전합니다. 이스라엘은 광야 생활 동안 하나님의 신실하신 인도를 받으면서도 거듭 불순종했습니다. 하나님이 때를 따라 필요한 것들을 공급해 주셨음에도 이스라엘은 불평하며 그분의 목소리를 듣지 않았고 심지어 그분을 시험하기까지 했습니다. 히브리서는 이스라엘의 과거를 상기시키며 교회들에게 단호히 경고합니다.

광야에서 시험하던 날에 거역하던 것같이 너희 마음을 완고하게 하지 말라(히브리서 3:8)

히브리서는 **광야 이스라엘 공동체**의 모습을 통해 교회가 배워야 할 교훈을 전합니다.

히브리서 저자는 불순종의 죄로 인해 약속의 땅에 들어가지 못했던 이스라엘 광야 공동체를 기억하라고 말합니다. 교회를 향해 그들처럼 행하지 말고 하나님께 순종함으로써 참된 안식에 들어가기를 힘쓰라고 권면합니다.

그러므로 우리가 저 안식에 들어가기를 힘쓸지니 이는 누구든지 저

순종하지 아니하는 본에 빠지지 않게 하려 함이라(히브리서 4:11)

이어지는 구절에서 히브리서 저자는 구약의 광야 공동체와 신약의 교회가 어떻게 다른지 이야기합니다. 다른 점의 가장 큰 특징은 신약의 교회에는 대제사장이신 예수님이 계신다는 사실입니다. 이것이 히브리서 서신 전체에 걸쳐 저자가 전하는 권면의 바탕이 됩니다. 광야의 이스라엘 백성은 불순종으로 인해 안식에 이르지 못했고, 그들을 이끌던 모세와 여호수아는 충성된 종이었지만 완전하지는 않았습니다. 그러나 신약의 교회에는 성도들을 영원한 안식으로 이끌어 주실 하나님의 완전하신 종, 예수님이 계십니다.

그러므로 우리에게 큰 대제사장이 계시니 승천하신 이 곧 하나님의 아들 예수시라 우리가 믿는 도리를 굳게 잡을지어다 우리에게 있는 대제사장은 우리의 연약함을 동정하지 못하실 이가 아니요 모든 일에 우리와 똑같이 시험을 받으신 이로되 죄는 없으시니라(히브리서 4:14-15)

예수님은 모든 일에서 교회와 동일하게 시험을 받으셨지만, 죄를 짓지 않으시고 하나님께 순종하셨습니다. 예수 그리스도는 완전하신 대제사장으로서 오늘도 교회를 위해 기도하십니다. 그분의 성도들이 구약의 백성들처럼 불순종과 죄악에 빠져 안식에 이르지 못하는 일이 없도록 그들을 지켜 주십니다. 그분으로 인하여 교회는 광야를 통과할 수 있습니다. 성도는 이 땅을 순례하는 동안 그분의 긍휼하심을 받고 때를 따라 돕는 은혜를 얻기 위하여 은혜의 보좌 앞에 담대히 나아갑니다(히브리서 4:16). 이것이 새 언약을 소유하고 하늘의 참 대제사장이신 예수님을 섬기는 교회의 특권이며 영광입니다. 그리스도께서 다시 오실 때 하나님의 백성은 반드시 안식에 들어가게 될 것입니다.

Lesson 4   믿음을 떠나지 말라

배교의 유혹

'믿음'은 히브리서가 강조하는 또 다른 주제입니다. 편지의 수신자들은 위기에 처해 있었습니다. 그들은 복음을 받아들이고 예수님을 주로 고백했지만, 여러 신앙적 어려움에 곧 직면하게 되었습니다. 다시 유대교로 돌아가고픈 유혹, 예수님을 그리스도로 고백하는 데서 오는 핍박 등으로 인해 믿음을 저버리는 상황에까지 이르게 됩니다. 히브리서는 이처럼 배교의 문턱에 서 있는 사람들에게 믿음을 떠나지 말고 예수 그리스도에 대한 신앙을 견고히 붙잡으라고 강한 어조로 권면하고, 배교의 결과가 어떠한지를 말합니다.

> 한 번 빛을 받고 하늘의 은사를 맛보고 성령에 참여한 바 되고 하나님의 선한 말씀과 내세의 능력을 맛보고도 타락한 자들은…하나님의 아들을 다시 십자가에 못 박아 드러내 놓고 욕되게 함이라(히브리서 6:4-6)

또한 10장 26-27절, 12장 15-17절에서도 이를 강조합니다. 그리스도

156   **4장**   일반서신 1

를 떠난 사람들에게 이렇게 세 차례에 걸쳐 권면하는 것을 보면, 당시 이 문제가 얼마나 심각했는지를 알 수 있습니다.

> 우리가 진리를 아는 지식을 받은 후 짐짓 죄를 범한즉 다시 속죄하는 제사가 없고 오직 무서운 마음으로 심판을 기다리는 것과 대적하는 자를 태울 맹렬한 불만 있으리라(히브리서 10:26-27)

> 너희는 하나님의 은혜에 이르지 못하는 자가 없도록 하고…음행하는 자와 혹 한 그릇 음식을 위하여 장자의 명분을 판 에서와 같이 망령된 자가 없도록 살피라(히브리서 12:15-16)

이러한 경고는 잘못을 지적하는 데서 그치지 않고 그들을 바로 세우고 바른길로 인도하기 위한 것이었습니다. 배교의 유혹에서 벗어나 배교에 이르지 않기 위해서는 지금까지 알고 있던 복음의 진리, "우리가 믿는 도리"를 굳게 잡아야 한다고 권면합니다(히브리서 4:14). 복음의 터 위에 굳게 서서 믿는 바를 확실하게 하는 것, 바로 이것이 믿음을 흔드는 유혹을 이기는 가장 중요한 일이기 때문입니다.

나아가 히브리서는 성도가 이 도리를 더욱 깊이 알아가는 성숙한 그리스도인으로 자라 가야 함을 알려 줍니다. 오랜 시간 그리스도를 믿어 왔지만 여전히 그리스도를 아는 도의 초보에 머물러 있지 말고 완전한 데로 나아가라고 권면합니다(6:1-2). 단단한 음식은 못 먹고 젖이나 먹어야 하는 어린아이처럼 되지 말고, 지각을 사용하여 연단을 받아 선악을 분별하는 성숙한 사람이 되라고 권고합니다(5:12-14).

현재를 사는 우리에게도 이러한 유혹과 시험이 있습니다. 이 세상은 지금도 여러 모양으로 성도들을 유혹합니다. 예수님을 따르는 길을 접고, 편하고 넓은 길을 걸으라고 말합니다. 이러한 세상의 목소리가 유혹으로 들릴 때, 히브리서의 가르침에 더욱 귀를 기울여야 합니다. 우리가 믿는 바, 배운 바를 굳게 잡고, 그 위에서 더욱더 예수 그리스도를 알아가는 성숙한 사람이 되어야 합니다.

Lesson 5   믿음의 주이신 예수를 바라보는 삶

히브리서 11장은 하나님을 신뢰하며 믿음의 경주를 한 신앙의 사람들을 소개합니다. 믿음의 눈으로 보이지 않는 것들을 바라보며 나아간 사람들, 믿음으로 말미암아 환난과 어려움을 받은 사람들을 나열합니다. 믿음의 증인들이 등장하는 11장의 내용은 이어지는 12장에서 절정에 이릅니다.

> 이러므로 우리에게 구름같이 둘러싼 허다한 증인들이 있으니 모든 무거운 것과 얽매이기 쉬운 죄를 벗어 버리고 인내로써 우리 앞에 당한 경주를 하며 믿음의 주요 또 온전하게 하시는 이인 예수를 바라보자 그는 그 앞에 있는 기쁨을 위하여 십자가를 참으사 부끄러움을 개의치 아니 하시더니 하나님 보좌 우편에 앉으셨느니라(히브리서 12:1-2)

우리는 많은 믿음의 선진들의 삶을 바라보며 힘과 교훈을 얻을 수 있습니다. 하지만 우리의 눈이 바라보아야 할 궁극적인 대상은 믿음의 선진들이 아니라 "믿음의 주"이신 예수 그리스도입니다. 여러 가지 의미를 내포하고 있는 '믿음의 주'라는 표현은 '믿음의 근원', '믿음의 승리자', '믿음의 저자'라고도 설명할 수 있습니다. 결국 저자가 말하고자 하는 바는 모든 믿음이 예수 그리스도로부터 비롯되고 그분께 모아진다는 사실입니다.

히브리서 저자는 예수님이 십자가를 참으신 일을 기억하라고 말하며 믿음의 주이신 예수님에 대해 증거합니다. 예수님은 십자가 뒤에 기다리고 있는 기쁨을 바라보시며 우리를 위해 조롱과 고통을 견디셨습니다. 그러니 이 땅에서 예수님을 따른다는 이유로 고난을 당하거나 믿음의 경주 가운데 피곤하여 낙심될 때, 우리는 바로 이 예수님의 인내를 기억해야 한다고 히브리서 저자는 권면합니다.

우리가 눈을 고정해야 하는 궁극적 대상은 **'믿음의 주'**이신 예수 그리스도입니다.

우리는 믿음의 경주의 결승점에 계시는 예수님께 시선을 고정하고 달려가야 합니다. 다른 것에 눈을 돌리지 않고 오직 예수님께 시선을 고정하고 그분을 따라가는 것이 곧 '예수님을 바라보는 것'입니다. 그렇게 하기 위해서 우리는 '무거운 것과 얽매이기 쉬운 죄를 벗어 버려야' 합니다. 히브리서 저자는 오직 우리의 결승점이며 종착역이 되시는 예수 그리스도께 우리의 시선을 고정시키고 우리가 감당할 경주를 인내로 달려가라고 권면합니다.

결국 히브리서는 대제사장이 되신 예수님, 자신을 제물로 드리면서까지 자기를 완전히 부인하고 죄인들의 죄악을 기꺼이 담당하시고 참으심으로 죄인들을 구원하신 예수님을 바라보는 것으로 귀결됩니다. 하나님의 백성들을 그분과 화목하게 하시고, 오늘도 그들을 섬기고 도우시는 예수님을 바라보라고 말합니다. 히브리서 저자의 권면에 따라 예수님을 깊이 묵상하고 바라볼 때, 우리는 믿음을 버리라는 유혹과 시험을 능히 이기는 자들로 자라 갈 수 있습니다.

READING JESUS

리딩지저스
: 그리스도 중심으로 읽는 일반서신 1 (히브리서)

히브리서는 구약을 해설한 주석이라고 불릴 만큼 구약의 제사 제도와 대제사장의 직무를 잘 설명해 줍니다. 히브리서는 구약의 모든 일이 예수님이 이루신 일의 그림자라고 말합니다. "그들이 섬기는 것은 하늘에 있는 것의 모형과 그림자라"(히브리서 8:5). 짐승의 피로 죄 사함을 받는 것은 일시적인 효력만 있었기 때문에 구약의 제사는 불완전했습니다. 구약의 백성은 자신의 죄를 위해 일 년에 한 번 속죄일에 하나님이 받으실 만한 제사를 드려야 했고, 대제사장 역시 자신의 죄를 위해서 속죄의 제사를 드렸습니다. 짐승을 잡아 드리는 제사에는 두려움이 가득했습니다. 이것이 옛 언약 가운데 살아가던 하나님 백성의 삶이었습니다.

예수님은 참된 화목 제물로 자신을 드리심으로써 완전한 제사를 하나님께 올려 드렸습니다. 예수님은 구약의 대제사장처럼 자신의 죄를 위해 속죄할 필요가 없는 참 대제사장이십니다. 예수님의 제사는 구약의 대제사장이 해마다 성소에 들어가 드리던 일회적인 제사와는 차원이 다릅니다. 그리스도는 우리의 죄를 위하여 영원한 효력이 있는 단 한 번의 제사를 드리셨고, 죄 사함을 받은 우리를 위해 중보하십니다. 예수 그리스도는 옛 언약에 속한 분이 아니라 '새 언약의 중보자'이십니다.

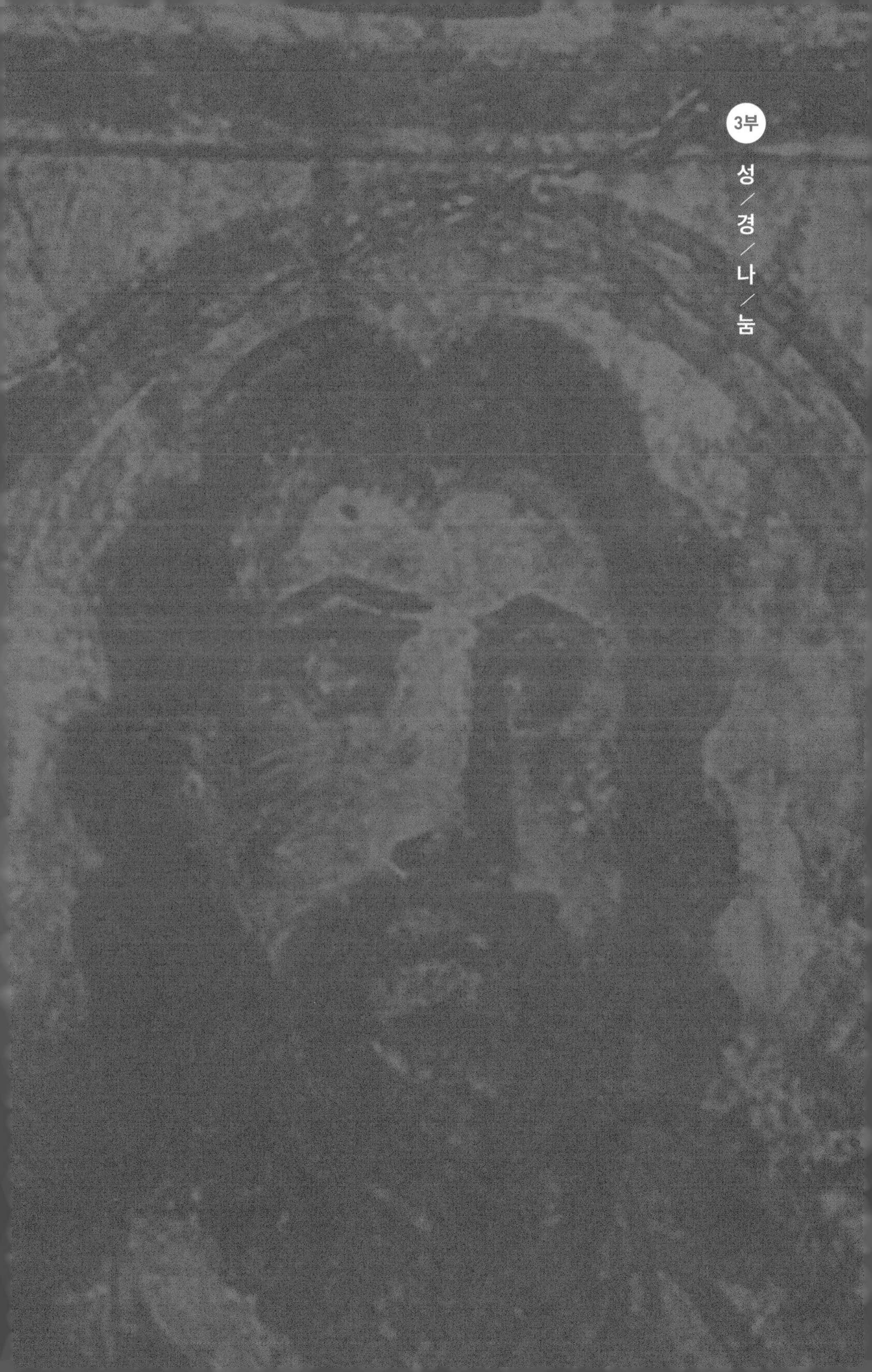

3부 성경 나눔

히브리서는 여러 가지 시험과 유혹을 만난 당시의 성도들에게 쓴 권면의 편지입니다. 히브리서는 교리나 신학적 내용을 설명하기 위해 기록한 편지가 아니라 실제 삶 가운데 직면한 문제들에 답을 주고 믿음의 도전을 주기 위한 편지입니다. 따라서 우리는 이런 특징을 염두에 두고 히브리서를 읽어야 합니다.

히브리서 전체를 관통하는 중요한 주제는 대제사장이신 예수 그리스도이십니다. 히브리서는 구약의 제사 제도에서의 대제사장의 역할과 그리스도의 사역을 비교합니다. 구약의 제사 제도는 그 자체로 불완전했고, 유한한 대제사장이 드린다는 점에서도 불충분한 제사였습니다. 반면에 죄가 없으신 예수님이 드리신 제사는 완전한 제사였습니다. 참 대제사장이신 예수님은 자신을 제물로 드리셔서 자기 백성을 구원하셨을 뿐만 아니라 이제는 하늘에서 자신의 백성을 섬기시며 그들을 위해 중보하고 계십니다. 예수님은 우리가 겪는 모든 시험을 이미 아시고 더 많은 고통을 겪으셨기에 시험에 놓인 우리를 능히 건지실 수 있습니다.

대제사장이신 예수 그리스도로 인하여 신약의 백성인 교회는 구약의 광야 공동체보다 우월한 순례의 길을 걸어갈 수 있습니다. 구약의 백성과 신약의 백성은 최종 종착지인 참 안식을 향해 간다는 맥락에서 동일한 길을 걷고 있지만, 신약의 광야 공동체는 구약의 이스라엘과 달리 예수님을 대제사장으로 모시고 있습니다. 이것이 바로 구약의 광야 공동체가 누리지 못한 교회의 우월한 특권입니다.

히브리서의 수신자들이 마주했던 가장 큰 유혹과 시험은 배교였습니다. 믿음을 떠나는 행위는 핍박과 어려움이 닥쳐올 때 그들을 유혹하는 강렬한 시험이었습니다. 히브리서는 이러한 어려움을 마주한 이들에게 '배교하면 돌이킬 수 없다'고 강력하게 경고합니다. 아울러 배교의 시험을 이길 수 있는 힘은 바로 대제사장이신 예수님을 의지하고 바라보는 것이라고 권면합니다. 믿음을 떠나지 않기 위해서는 예수님을 더 깊이 알아 가고 의지해야 한다고 일러 줍니다. 특히 믿음의 허다한 증인들의 신실한 삶을 보여 주며, 그 마지막에 우뚝 서 계신 예수님께 시선을 고정하라고 권면합니다. 예수님을 바라보며 신실한 인내로 믿음의 경주를 감당하라고 강조합니다. 이 길이 바로 생명의 길, 진리의 길이며 기쁨과 소망의 길이기 때문입니다.

❶ 많은 사람들이 히브리서를 교리적 가르침이나 신학적 논의로 여기곤 합니다. 그러나 히브리서는 전체적으로 ( )의 요소를 담고 있습니다. 이 사실을 기억할 때 우리는 히브리서가 전달하려는 메시지를 좀 더 분명히 이해할 수 있습니다. (일반서신 1에 들어가며)

❷ 히브리서는 구약 시대의 제사장과 옛 언약의 한계를 설명하며 예수님이 얼마나 위대한 대제사장이신지를 보여 줍니다. 아래 도표를 채워 보세요.
(성경수업 Lesson 2)

구약 시대의 대제사장	예수 그리스도
( )에 속한 것	( )에 속한 것
( )이자 그림자	구약성경이 가리키던 ( )
( ) 정결만 가능하게 한 옛 언약의 제사를 수행	우리의 ( )을 깨끗하게 만들어 살아 계신 하나님을 섬기게 함
매년 드려지는 ( ) 제사	( )에 드려진 완전한 제사

❸ 히브리서는 교회를 ( )의 이스라엘 공동체와 비교합니다. 하나님이 약속하신 땅을 향해 나아갔던 이스라엘 백성처럼 그리스도인들은 하나님이 약속하신 영원한 ( )을 바라보며 살아갑니다. 두 공동체 모두

이 땅을 종착지로 삼지 않기에 이 땅에 완전한 (　　　)을 두지 않습니다. 둘 다 잠시 머무는 이 땅이 아닌 영원한 (　　　)을 간직하고 살아갑니다.

성경수업 Lesson 3

❹ 우리의 눈이 바라보아야 할 궁극적 대상은 (　　　　　　)이신 예수 그리스도입니다. 예수님은 십자가 뒤에 기다리고 있는 (　　　)을 바라보시며 우리를 위해 조롱과 고통을 견디셨습니다. 그러니 이 땅에서 예수님을 따른다는 이유로 고난을 당하거나 믿음의 경주 가운데 피곤하여 낙심될 때, 우리는 바로 이 예수님의 (　　　)를 기억해야 한다고 히브리서 저자는 권면합니다. 성경수업 Lesson 5

❺ 예수 그리스도는 (　　　)에 속한 분이 아니라 (　　　)의 중보자이십니다. 리딩지저스

정답

1. 권면　2. **구약 시대의 대제사장:** 땅, 모형, 제의적, 짐승, **예수 그리스도:** 하늘, 실체, 양심, 단번
3. 광야, 안식, 소망, 본향　4. 믿음의 주, 기쁨, 인내　5. 옛 언약, 새 언약

❶ 히브리서의 말씀대로 이 땅은 우리의 종착지가 아니라 잠깐 거쳐가는 곳입니다. 지금 나는 본향을 향하여 나아가는 나그네의 삶을 살고 있나요, 이 세상에 매인 사람의 삶을 살고 있나요?

❷ 그리스도를 믿는다고 해서 세상의 모든 환난과 시험에서 면제받는 것은 아닙니다. 오히려 그리스도인이라는 이유로 더 큰 환난과 시험을 겪는 경우도 많습니다. 나를 위하여 그리스도께서 환난을 겪으셨다는 히브리서의 권면은 나에게 어떤 위로로 다가오나요?

❸ 그리스도의 위로를 풍성히 경험하고 주변에 그 은혜를 흘려보내는 한 주 간이 되기 위해 내가 실천할 수 있는 것들을 나누어 봅시다.

기도로 함께

소망하며

❶ 성경 말씀에 기초해, 찬양과 감사의 기도를 드립니다.

그러므로 우리가 흔들리지 않는 나라를 받았은즉 은혜를 받자

이로 말미암아 경건함과 두려움으로 하나님을 기쁘시게 섬길지니

히브리서 12:28

❷ 일상의 변화를 소망하며, 회개와 결단의 기도를 드립니다.

❸ 서로를 위해, 또 교회를 위해 기도합니다.

하나님을 향한

찬양

시편 16편 7-11절

나를 훈계하신 여호와를 송축할지라

밤마다 내 양심이 나를 교훈하도다

내가 여호와를 항상 내 앞에 모심이여

그가 나의 오른쪽에 계시므로

내가 흔들리지 아니하리로다

이러므로 나의 마음이 기쁘고

나의 영도 즐거워하며

내 육체도 안전히 살리니

이는 주께서 내 영혼을 스올에 버리지 아니하시며

주의 거룩한 자를 멸망시키지 않으실 것임이니이다

주께서 생명의 길을 내게 보이시리니

주의 앞에는 충만한 기쁨이 있고

주의 오른쪽에는 영원한 즐거움이 있나이다

5

일반서신 2
(요한일서)

성경읽기 베드로전서 1-5장,
베드로후서 1-3장,
요한일서 1-5장, 요한이서 1장,
요한삼서 1장, 유다서 1장

성경수업 사랑으로 드러나는 믿음

성경나눔

Lesson 1 "영생이 있음을 알게 하려고"
Lesson 2 참 하나님, 참 사람 예수 그리스도
Lesson 3 화목 제물, 예수 그리스도
Lesson 4 무죄하다는 거짓말
Lesson 5 서로 사랑하는 것이 마땅하도다

일반서신 2
(요한일서)에
들어가며

요한일서는 예수님의 열두 제자 중 한 사람인 사도 요한이 "자녀들"(요한일서 2:1)이라고 부르는 교회 공동체에 쓴 편지입니다. 당시 교회 안에는 거짓 교사들이 있었는데, 그들의 잘못된 가르침은 성도들이 가지고 있던 구원의 확신을 흔들 만큼 위험했습니다. 그 거짓 가르침의 중심에는 예수님의 죽음과 부활에 대한 심각한 왜곡이 있었기 때문입니다. 사도 요한은 그가 사랑하는 성도들이 든든한 믿음의 반석 위에 설 수 있도록 말씀을 전합니다.

이번 주는 베드로전후서와 요한일이삼서, 유다서를 통독합니다. 성경수업을 통해서는 우리가 가진 구원의 확신을 흔드는 거짓 증거와 가르침이 오늘날에도 만연하다는 사실을 기억하며 요한일서의 중심 메시지를 살펴보겠습니다.

리딩지저스 6권 5강: 일반서신 2 (요한일서)

QR코드를 찍으면 '일반서신 2' 리딩지저스 영상으로 바로 연결됩니다. 또는 유튜브에서 '리딩지저스 일반서신 2'를 검색하여 시청할 수 있습니다. '성경읽기'와 '성경수업'을 시작하기 전에 리딩지저스 영상을 시청하면 도움이 됩니다.

1부 — 성 / 경 / 읽 / 기

📖 QR코드를 찍으면 **리딩지저스 오디오 바이블**로 연결됩니다. 45주 성경통독 일정에 맞추어 제작된 **오디오 바이블**을 통해 매일의 성경통독 분량을 부담 없이 완독할 수 있습니다. 그리스도 중심 성경읽기 《리딩지저스》와 함께하는 성경통독을 통해 하나님과 동행하는 하루하루가 되기를 소망합니다.

📖 **이번 주 성경읽기 스케줄**

주일	리딩지저스 영상 시청, 성경수업 읽기			
	기본 읽기		핵심 읽기	
월	벧전 1-5장	완독	벧전 2장	
화	벧후 1-3장		벧후 1장	
수	요일 1-3장		요일 1장	
목	요일 4-5장		요일 4장	
금	요이-요삼		-	
토	유 1장		-	

1일차 따르라, 멀리하라, 바라보라!

기본 읽기 베드로전서 1-5장
핵심 읽기 베드로전서 2장

베드로전서는 사도 베드로가 본도, 갈라디아, 갑바도기아, 아시아와 비두니아 등지에 보낸 편지입니다. 베드로는 편지 시작부터 그리스도께서 부활하셔서 우리에게 산 소망이 되셨음을 찬양합니다. 이어서 구원을 받은 이들이 거룩하게 살아야 함을 말하며 그리스도로 말미암은 복음을 다양한 '돌'에 비유해서 설명합니다. 베드로는 그리스도인의 삶에 대하여 상세한 교훈을 남깁니다. 그리스도인은 육체의 정욕을 제어해야 한다고 지적하고, 사환들과 아내들에게 당부의 말을 남깁니다. 베드로는 서신 전체를 통하여 그리스도와 그리스도의 고난을 강조하고, 정욕을 멀리할 것을 지속적으로 강조합니다. 마지막으로 그리스도인이 받을 고난을 두려워하지 말라고 격려하며 영광 가운데 다시 오실 예수님을 바라볼 것을 당부하면서 서신을 마무리합니다.

2일차 재림 신앙을 간직하며 살아가는 법

기본 읽기 베드로후서 1-3장
핵심 읽기 베드로후서 1장

베드로후서는 베드로전서와 달리 수신자가 명확하지 않습니다. 다만, 그리스도인들에게 보낸 편지임은 분명합니다. 베드로는 편지를 시작하면서 그리스도인은 신성한 성품에 참여하는 자가 되었음을 말하며 더해야 할 것 여덟 가지를 언급합니다. 이어서 "너희 부르심과 택하심을 굳게 하라"라고 강조합니다. 베드로는 자신의 죽음이 가까이 다가왔음을 직감하고 성도들에게 그리스도의 영광을 선포합니다. 한편, 당시에 교회를 위협하던 거짓 선지자들과 거짓 선생들에 대하여 언급하며 그들의 허탄한 거짓 가르침을 주의할 것을 권면합니다. 베드로의 시선은 재림의 날에 고정되어 있습니다.

3일차 **빛 가운데 거하는 이들의 삶**

기본 읽기 요한일서 1-3장
핵심 읽기 요한일서 1장

요한일서는 다른 서신서와 달리 인사말을 따로 남기지 않고 본론으로 바로 들어가는데, 그 시작이 요한복음과 상당히 비슷합니다. 요한은 자신이 이 글을 쓰는 이유를 "너희(수신자)와 사귐이 있게 하려 함"이며(1:3), "우리의 기쁨이 충만하게 하려 함"이라고 밝힙니다(1:4). 그 기쁜 소식은 하나님이 빛이시라는 사실입니다. 그 "빛 가운데" 거하면 서로 사귐이 있을 것이고, 예수님이 우리를 깨끗하게 하실 것이라고 강조합니다. 이러한 설명을 바탕으로 요한은 우리가 예수님이 주신 말씀을 지키며, 형제를 사랑해야 하는 것을 빛과 어둠의 대조를 통해 설명합니다. 요한은 지금이 마지막 때임을 강조하면서 하나님의 자녀가 행함과 진실함으로 사랑하고 세상의 가르침과 정욕을 피해야 할 것을 역설합니다.

4일차 **죄악과 공존할 수 없는 사람들**

기본 읽기 요한일서 4-5장
핵심 읽기 요한일서 4장

요한은 4장에서 하나님께 속한 사람과 그렇지 않은 사람을 계속해서 비교합니다. 하나님께 속한 사람은 예수를 시인하며, 서로 사랑합니다. 요한은 심지어 서로 사랑하지 않는 사람은 하나님을 알지 못한다고 단언합니다(4:8). 하나님이 예수님을 이 땅에 보내셔서 화목 제물로 삼으셨을 정도로 우리를 사랑하셨으니 우리도 서로 사랑해야 하는 것이 마땅합니다. 이렇게 형제를 사랑하는 것을 강조한 요한은 하나님을 사랑하는 이들이 세상을 이기는 자들이라고 말합니다. 마지막으로 요한은 하나님께로부터 난 자들은 범죄하지 않는다고 단언합니다. 하나님께로부터 나신 자가 하나님께로부터 난 자들을 지키시기 때문입니다. 요한은 성도들이 죄악을 멀리할 수밖에 없고, 멀리해야만 한다고 단호하게 선포합니다.

5일차 요한의 따뜻한 권면

기본 읽기 요한이서, 요한삼서
핵심 읽기 -

오늘 읽을 성경은 요한이서와 요한삼서이며, 분량이 적어서 핵심 장이 따로 없습니다. 요한이서가 수신자를 "택하심을 받은 부녀와 그의 자녀들"로 기록한 것으로 볼 때, 어떤 가족 혹은 교회의 구성원 전부가 서신의 수신자였을 것으로 보입니다. 저자는 짧은 글을 통하여 '미혹하는 자'를 경계합니다. 요한삼서는 '가이오'에게 보내는 편지입니다. 요한은 가이오에게 따뜻한 축복의 말을 건네며, 그가 나그네 된 자들에게 베풀었던 사랑을 칭찬합니다. 여전히 요한은 가이오가 악한 것을 본받지 않기를 바라고 있으며, 형제들을 여전히 사랑으로 돌보기를 권면합니다. 요한은 우리에게도 미혹하는 자들을 멀리하며 형제들을 따뜻한 마음으로 돌보라고 권면합니다. 요한의 따뜻한 요청에 귀 기울여 보시기 바랍니다.

6일차 마지막 때에 경계해야 할 것들

기본 읽기 유다서
핵심 읽기 -

오늘 읽을 성경은 유다서입니다. 저자는 예수 그리스도의 종이며 야고보의 형제인 유다입니다. 한 장으로 이루어진 이 서신에는 앞서 읽은 요한서신과는 다른 단호함이 느껴집니다. 유다는 교회 안에 들어온 이단에 대하여 꾸짖으며 그들을 소돔과 고모라, 미가엘과 다툰 마귀에 비유할 정도로 단호하게 꾸짖습니다. 저자는 편지의 수신자들에게 마지막 때임을 상기시키며 믿음을 지키라고 강권합니다. 그러나 이런 단호한 권면 끝에 유다는 따뜻한 축복으로 편지를 마무리합니다. 유다서의 말씀처럼, 우리 주 하나님께 영광과 위엄과 권력과 권세가 영원히 있을 것입니다. 아멘!

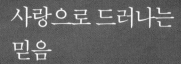

사랑으로 드러나는
믿음

내가 하나님의 아들의 이름을 믿는
너희에게 이것을 쓰는 것은
너희로 하여금 너희에게
영생이 있음을 알게 하려 함이라

요한일서 5장 13절

"영생이 있음을 알게 하려고"

요한일서의
목적
___

'나는 정말 구원받았을까? 그렇다면 이를 어떻게 알 수 있을까?' 우리는
구원의 확신에 대해 종종 질문을 받기도 하고 스스로에게 묻기도 합니
다. 신약성경 가운데 이 질문에 답하고자 기록되었다고 밝히는 책이 있
는데, 바로 요한일서입니다. 요한일서는 그 기록된 목적을 다음과 같이
말합니다.

> 내가 하나님의 아들의 이름을 믿는 너희에게 이것을 쓰는 것은 너희
> 로 하여금 너희에게 영생이 있음을 알게 하려 함이라(요한일서 5:13)

요한일서의 저자가 요한복음을 기록한 사도 요한이라는 점을 기억한다
면, 두 책의 결론부가 동일한 가르침을 전한다는 것이 그리 놀랄 만한 일
은 아닙니다.

> 오직 이것을 기록함은 너희로 예수께서 하나님의 아들 그리스도이심
> 을 믿게 하려 함이요 또 너희로 믿고 그 이름을 힘입어 생명을 얻게

하려 함이니라(요한복음 20:31)

요한은 우리에게 영생이 있음을 알게 하고자 요한일서를 적었다고 말합니다. 따라서 요한일서의 메시지는 다음과 같은 질문과 직접적으로 연결됩니다. '내가 정말 구원을 받았는지 어떻게 알 수 있을까?' '구원을 받았는지 확인하기 위해서 어떤 흔적이나 증거를 찾아야 할까?' '구원과 관련한 격려나 경고가 참인지 거짓인지 어떻게 분별할 수 있을까?' 이러한 질문들은 매우 중요하면서도 실질적입니다. 당시 초대 교회에 스며들기 시작한 몇몇 거짓 가르침에 대응하기 위해 요한일서가 쓰였다는 점을 고려한다면, 이러한 질문들을 답하는 것에 도움이 될 것입니다.

거짓 교사들은 모든 시대에 존재합니다. 구약 시대에도 거짓 교사들이 있었고, 초대 교회의 사도들은 교회 안에 퍼져 있는 거짓 교사들의 잘못된 가르침과 싸워야 했습니다. 이처럼 거짓 가르침은 교회가 존재하는 모든 시대에 만연한 문제이기 때문에 성도는 항상 깨어 분별해야 합니다.

초대 교회 안의 거짓된 가르침들은 신학적인 문제일 뿐만 아니라 윤리적인 문제이기도 했습니다. 앞서 바울서신을 공부하며 여러 차례 살펴보았지만, 예수 그리스도의 인격과 사역을 이해하는 것과 이에 부합하는 성도의 삶을 사는 것은 밀접하게 연관되어 있기에 절대로 나눌 수 없습니다. 그런데 거짓 교사들의 가르침은 그리스도의 인격과 사역에 대해 의심하는 질문을 하며 결국 구원의 확신을 흔들고 그리스도인으로서 살지 못하게 했습니다. 요한일서는 이러한 문제들에 대한 확실한 복음적 대답을 제시하고, 참 신자들이 든든한 믿음의 기초와 반석 위에 서도록 격려합니다. 이러한 기록 목적을 기억하며 요한일서를 읽어 가면 그 내용을 이해하는 데 큰 도움이 될 것입니다.

참 하나님, 참 사람 예수 그리스도

구원의 토대

초대 교회에는 예수님이 참 하나님이자 참 사람이시라는 사실을 거부하는 거짓 교사들이 있었습니다. 어떤 이들은 예수님이 태초부터 계신 하나님의 아들이시라는 사실을 받아들이지 않았고, 어떤 이들은 예수님이 인간의 육체를 지닌 참 사람이시라는 사실을 받아들이지 않았습니다.

　요한일서의 수신자인 교회 안에는 예수님이 참 하나님이시라면 인간의 육체를 입고 오실 수 없다고 주장하는 거짓 교사들이 있었습니다. 그들은 그리스도의 사역을 과도하게 영적으로 해석함으로써 예수님이 육신으로 겪으신 경험과 고통을 경시하고, 육신을 입고 자기 백성의 죄를 위해 죽으셨다는 사실을 인정하지 않았습니다. 그들은 교회 공동체를 떠나면서 심지어 다른 성도들을 미혹했습니다. 그로 인해 교회에 남은 성도들이 큰 상처를 받았습니다. 그들은 거짓 교사들을 따라가야 하는지, 사도들이 가르치지 않은 새로운 것을 배워서 더 나은 영적인 경험을 해야 하는지 고민하며 혼란한 상태에 놓여 있었습니다. 사도 요한은 이를 바로잡기 위해서 서신의 시작부터 예수님이 참 하나님이신 동시에 참 사람이심을 강조합니다.

태초부터 있는 생명의 말씀에 관하여는 우리가 들은 바요 눈으로 본 바요 자세히 보고 우리의 손으로 만진 바라(요한일서 1:1)

사도 요한은 영원 전부터 계신 하나님의 아들 예수님이 이 땅에 오셔서 생애를 보내시고 죽으시고 다시 사신 것을 자신이 실제로 보고 만진 증인이라고 강조합니다. 그는 예수님이 완전한 신성과 완전한 인성 모두를 소유하신 분이라는 사실을 가르치며, 이를 부인하는 자가 바로 적그리스도라고 엄중히 경고합니다.

이로써 너희가 하나님의 영을 알지니 곧 예수 그리스도께서 육체로 오신 것을 시인하는 영마다 하나님께 속한 것이요 예수를 시인하지 아니하는 영마다 하나님께 속한 것이 아니니 이것이 곧 적그리스도의 영이니라 오리라 한 말을 너희가 들었거니와 지금 벌써 세상에 있느니라(요한일서 4:2-3)

사도 요한은 자신의 두 번째 편지인 요한이서에서도 예수님이 육신을 입고 이 땅에 인간으로 오셨다는 사실을 부인하는 자들은 적그리스도라고 밝힙니다. 이런 이단적 사상을 교회 안에서 가르치고 전파하는 자들이 결국 적그리스도라는 것입니다.

미혹하는 자가 세상에 많이 나왔나니 이는 예수 그리스도께서 육체로 오심을 부인하는 자라 이런 자가 미혹하는 자요 적그리스도니(요한이서 1:7)

그렇다면 예수님이 육체로 오신 것이 왜 그렇게 중요할까요? 만일 예수님이 우리와 같은 인간의 육체를 입고 오시지 않았다면 그분의 죽음은 우리 죄를 대속할 수 없었을 것이고, 당연히 예수님의 부활도 우리와 상관없는 사건이 될 것입니다. 예수님의 신성과 인성의 조화는 우리 구원의 토대가 되기 때문에 사도 요한은 하나님의 아들이 이 땅 가운데 육체로 오셨다고 거듭하여 강조합니다.

화목 제물, 예수 그리스도

사도 요한은 예수 그리스도 안에서 성도들이 얻는 구원의 확실성을 가르치기 위해 화목 제물이 되신 예수 그리스도를 설명합니다. 예수님은 죄인인 우리를 구원하시기 위해 육신을 입고 화목 제물로서 이 땅에 오셨습니다. 여기서 화목 제물은 두 가지 의미를 갖습니다. 첫째는 그리스도가 우리의 죄를 사해 주신다는 의미이고, 둘째는 그분이 우리의 자리에서 하나님의 진노를 대신 받으셨다는 의미입니다. 예수님은 특정 집단, 계층, 종파를 위한 제물이 아니라 온 세상의 죄를 위한 화목 제물이 되어 주셨습니다.

> 그는 우리 죄를 위한 화목 제물이니 우리만 위할 뿐 아니요 온 세상
> 의 죄를 위하심이라(요한일서 2:2)

예수님만이 온 세상의 죄를 위한 하나뿐인 화목 제물이십니다. 이 대속의 은혜는 비밀스럽게 특정한 사람들만 소유하는 것이 아니라 하나님 앞에 나아오는 모든 사람, 누구에게나 주어지는 것입니다.

그리스도께서 친히 화목 제물이 되셨다는 것은 구원이 우리에게서 나

예수님은 죄인인 우리를 구원하기 위해 육신을 입고 **화목 제물**로서 이 땅에 오셨습니다.

는 것이 아니라 우리 밖에서 온다는 것을 의미합니다. 이것은 우리가 반드시 기억해야 할 중요한 사실입니다. 구원은 절대로 우리 안의 선함이나 특질에서 나지 않습니다. 우리는 완전하지 않으며 속죄가 필요한 죄인들입니다. 그런데 예수 그리스도께서 화목 제물이 되심으로 우리의 구원을 이루셨습니다. 그분의 피가 모든 죄에서 우리를 깨끗하게 했습니다(요한일서 1:7). 이 놀라운 복음을 사도 요한은 이렇게 요약합니다.

하나님의 사랑이 우리에게 이렇게 나타난 바 되었으니 하나님이 자기의 독생자를 세상에 보내심은 그로 말미암아 우리를 살리려 하심이라 사랑은 여기 있으니 우리가 하나님을 사랑한 것이 아니요 하나님이 우리를 사랑하사 우리 죄를 속하기 위하여 화목 제물로 그 아들을 보내셨음이라(요한일서 4:9-10)

하나님이 우리를 먼저 사랑하셨고, "우리 죄를 속하기 위하여" 그의 아들을 보내셨습니다. 그리스도의 화목 제물 되심은 우리를 향한 하나님의 사랑을 확증합니다. 우리의 구원은 하나님이 약속하시고, 예수 그리스도를 통해 이루신 것이며, 성령님이 우리 안에서 증거하신 일입니다. 그렇기 때문에 예수님을 주로 고백한 우리는 구원을 확신할 수 있습니다.

Lesson 4 　무죄하다는 거짓말

거짓 교사의
증거

당시 사도 요한을 대적하던 거짓 교사들은 윤리적으로 큰 결함이 있었습니다. 그럼에도 그들은 자신들이 하나님과 더 가까우며 다른 사람들보다 더 영적이라고 주장했습니다. 이에 대해 사도 요한은 '하나님과 사귐이 있다고 말하면서 어둠 가운데 행한다면' 그것은 기필코 '거짓'이라고 지적합니다.

> 만일 우리가 하나님과 사귐이 있다 하고 어둠에 행하면 거짓말을 하고 진리를 행하지 아니함이거니와(요한일서 1:6)

거짓 교사들은 자신들에게 죄가 없다고 주장했습니다. 아마도 그들은 예수님을 믿기만 하면 더 이상 회개할 필요가 없다고 생각하거나 어떤 신비한 영적 경험을 바탕으로 자신들이 깨끗하다고 여겼던 것 같습니다. 그러나 요한은 이들을 가리켜 '스스로를 속이는 자'라고 말합니다.

> 만일 우리가 죄가 없다고 말하면 스스로 속이고 또 진리가 우리 속에

있지 아니할 것이요(요한일서 1:8)

하나님께로부터 난 사람은 자신이 무죄하다고 말하는 자가 아니라 '빛이신 하나님'(요한일서 1:5)께 죄를 용서받고 빛 가운데 행하는 이들입니다. 또한 빛 가운데 있는 사람들은 빛 가운데 행해야 합니다. 사도 요한은 그의 서신 전체에서 하나님에게서 난 자와 나지 않은 자, 빛과 어둠을 반복하여 대조합니다. 하나님에게서 났다는 말은 하나님이 우리를 거듭나게 하셨다는 의미이며, 이는 요한복음 3장에서 예수님이 니고데모에게 말씀하신 '거듭남'과 관련이 있습니다. 거듭난 사람은 하나님의 자녀라 일컬음을 받는 엄청난 특권을 누리는 동시에 하나님 아버지의 성품을 닮아 가게됩니다. 다시 말해 거듭난 사람은 그리스도께서 우리를 구원하셨다는 사실에서 끝나지 않고 빛 가운데 행하는 참 신자의 생활양식이 따릅니다.

거짓 교사들은 자신들이 하나님을 보았다고 말하며 그들의 신비한 경험을 배우고 따르라고 합니다. 그러나 사도 요한은 그들이 죄악된 생활을 지속하고 있다면, 그들의 주장을 거부해야 한다고 말합니다. 거짓된 생활은 신약성경이 가르치는 거짓 교사의 증거이기 때문입니다. '그의 생활이 거룩함을 좇고 있는가? 아니면 세상을 좇고 있는가?'는 거짓 교사를 구분하는 기준입니다.

구원의 확신은 죄가 있음을 거부하거나 죄가 아무 문제가 아닌 것처럼 여기는 데서 오지 않습니다. 구원의 확신은 그리스도를 바라보는 데서 옵니다. 따라서 예수님이 누구이시며, 우리를 위해 무엇을 하셨는지 우리는 알아야 하고 무엇보다도 올바르게 믿어야 합니다. 그리스도는 우리의 화목 제물이시며 죄에서 우리를 깨끗하게 하시는 분입니다. 그러므로 우리는 그리스도께 먼저 시선을 고정하고 동시에 우리 자신의 삶을 돌아보아야 합니다. 믿음으로써 그리스도와 참으로 연합된 사람은 구원의 확신에 걸맞은 삶을 살며 순종의 열매를 맺게 됩니다. 이는 우리의 행위로써 우리 자신을 구원한다는 뜻이 결코 아닙니다. 하나님이 진정 우리를 구원하시고 우리를 그분의 가족으로 받아 주셨기에 우리 삶에 참 구원의 열매가 나타납니다.

그리스도 안에 있는 사람들은 죄의 권세 아래 있지 않습니다. 하지만 여전히 죄와 싸우고 죄를 지을 가능성을 품고 삽니다. 그러기에 우리에게는 회개가 필요합니다. 만일 우리 죄를 자백하면 '그리스도의 보혈'(요한일서 1:7)이 우리를 모든 죄에서 깨끗하게 하실 것입니다.

> 만일 우리가 우리 죄를 자백하면 그는 미쁘시고 의로우사 우리 죄를
> 사하시며 우리를 모든 불의에서 깨끗하게 하실 것이요(요한일서 1:9)

우리는 요한일서의 가르침을 적용하며, 우리가 회개하고 돌아서야 할 부분과 성장해야 할 부분이 무엇인지 점검해야 합니다. 죄를 중요한 문제로 여기지 않는 사람들이 오늘날에도 많이 있습니다. 그러나 성경이 가르치는 교훈에 따라 예수 그리스도를 바르게 알고 그 사랑에 감격하는 사람은 스스로 죄 없다 하지 않고 회개의 자리로 나아갑니다. 용서를 약속하신 하나님이 그들의 죄를 용서하시고 모든 것으로부터 깨끗케 하셔서 진실한 빛의 자녀로 자라가게 하실 것입니다.

서로 사랑하는 것이 마땅하도다

사도 요한은 우리가 그리스도와 연합되었다면 우리의 삶을 통해 구원의 열매가 나타나야 한다고 말합니다. 이는 하나님의 성품을 반영하여 살아가는 삶을 의미합니다. 특별히 하나님은 사랑이시기 때문에 우리의 모든 행위는 하나님과 이웃에 대한 사랑으로 나타나야 합니다. 하나님과 이웃에 대한 사랑이 우리가 하는 모든 일의 토대가 되어야 합니다.

> 그가 우리를 위하여 목숨을 버리셨으니 우리가 이로써 사랑을 알고⋯(요한일서 3:16)

> ⋯하나님은 사랑이시라 사랑 안에 거하는 자는 하나님 안에 거하고 하나님도 그의 안에 거하시느니라(요한일서 4:16)

요한일서에서 사도 요한은 그리스도께서 우리를 사랑하셨기 때문에 그의 사랑을 입은 자들은 사랑을 행해야 한다고 강조합니다. 그리고 형제자매에 대한 사랑을 하나님에 대한 사랑과 관련짓습니다. 눈에 보이는 형제

하나님은 사랑이시기 때문에 우리의 모든 행위는 **하나님과 이웃에 대한 사랑**으로 나타나야 합니다.

자매를 사랑함으로써 눈에 보이지 않는 하나님에 대한 사랑이 표현되어야 한다는 말입니다. 그 사랑은 "말과 혀"로 하는 사랑이 아니라 "행함과 진실함"으로 하는 사랑입니다.

> 누가 이 세상의 재물을 가지고 형제의 궁핍함을 보고도 도와줄 마음을 닫으면 하나님의 사랑이 어찌 그 속에 거하겠느냐 자녀들아 우리가 말과 혀로만 사랑하지 말고 행함과 진실함으로 하자(요한일서 3:17-18)

누구든지 하나님을 사랑하노라 하고 그 형제를 미워하면 이는 거짓 말하는 자니 보는 바 그 형제를 사랑하지 아니하는 자는 보지 못하는 바 하나님을 사랑할 수 없느니라 우리가 이 계명을 주께 받았나니 하나님을 사랑하는 자는 또한 그 형제를 사랑할지니라(요한일서 4:20-41)

결국 하나님 사랑과 이웃 사랑은 공동체 안에서 실현해야 하는 최고의 지향점입니다. 이 가르침은 부활하신 예수님이 제자들에게 주신 "너희가 서로 사랑하면 이로써 모든 사람이 너희가 내 제자인 줄 알리라"(요한복음 13:35)라는 새 계명을 상기시킵니다.

하나님은 그리스도의 말씀을 잘 따를 수 있도록 우리에게 성령을 주셨습니다. 하나님이 우리를 구원하신 능력과 성령님의 역사하심은 실재입니다. 성령을 통해 우리는 그리스도 안에서 베푸신 무한한 하나님의 사랑을 깨닫고 일상 가운데 사랑의 열매를 맺을 수 있습니다.

사랑하는 자들아 우리가 서로 사랑하자 사랑은 하나님께 속한 것이니 사랑하는 자마다 하나님으로부터 나서 하나님을 알고(요한일서 4:7)

READING JESUS

리딩지저스
: 그리스도 중심으로 읽는 일반서신 2 (요한일서)

예수님은 참 하나님이자 참 인간이십니다. 사도 요한은 자신이 직접 목격하고 함께한 하나님의 아들 예수님이 참 사람으로 오셨다고 강조하며, 그분이 온 세상을 위한 화목 제물이 되신 것을 전합니다. 구약 시대의 화목 제물은 짐승이었습니다. 하지만 짐승의 피는 결코 인간의 죄를 완전히 속죄할 수 없었습니다. 오직 무죄한 그리스도의 피만이 우리의 모든 죄를 속죄할 수 있습니다. 구약의 화목 제물은 앞으로 오실 예수님을 가리키는 중요한 역할을 했습니다. 이제 예수님이 십자가에서 모진 고통을 당하시고 물과 피를 쏟으심으로써 온 세상을 위한 완전한 화목 제물이 되셨습니다.

사도 요한은 이것을 하나님의 사랑이라고 말합니다. 그리고 그 사랑이 바로 여기에 있다고 말합니다. 이 놀라운 하나님의 사랑의 절정인 예수님은 우리로 하여금 그분의 희생, 사랑, 은혜 앞에 고개 숙여 그분을 경배하도록 합니다. 그리고 이 큰 사랑을 경험한 우리는 하나님을 향해 나아갈 뿐 아니라, 이웃인 형제자매를 사랑해야 할 사명을 받았습니다. 우리는 그 거룩한 사명에 마땅히 응답해야 합니다.

요한일서는 그리스도인들에게 '구원의 확신'에 대한 답을 주기 위해 기록된 서신입니다. 사도 요한은 이 편지를 통해 당시 교회 안에 들어와 거짓 가르침을 전파하던 거짓 교사들의 주장을 반박하고, 교회 안에 남은 사람들이 믿음을 지키도록 격려합니다.

거짓 교사들은 예수님이 참 하나님이시자 참 사람이시라는 사실을 거부하였습니다. 그들은 예수님이 참 하나님이시라면 인간의 육체를 입고 오실 수 없다고 주장했습니다. 그들은 예수님의 사역을 과도하게 영적으로 해석함으로써 예수님이 몸으로 겪으신 경험과 고통을 경시하고, 육신을 입고 자기 백성의 죄를 위해 죽으셨다는 사실을 인정하지 않았습니다.

사도 요한은 이를 바로잡기 위해서 편지의 시작부터 '예수님이 참 하나님이신 동시에 참 사람이심'을 강조합니다. 예수님은 죄인인 우리를 구원하기 위해 육신을 입고 화목 제물로서 이 땅에 오셨습니다. 여기서 화목 제물은 두 가지 의미가 있는데, 첫째는 그리스도가 우리의 죄를 사해 주신다는 의미이고, 둘째는 그분이 우리의 자리에서 하나님의 진노를 대신 받으셨다는 의미입니다. 예수님은 특정 집단, 계층, 종파를 위한 제물이 아니라, 온 세상의 죄를 위한 화목 제물이 되어 주셨습니다. 따라서 요한은 성육신을 부인하는 자들을 적그리스도라고 강하게 반박합니다.

거짓 교사들은 자신들에게 죄가 없다고 주장했습니다. 하지만 하나님에게서 난 사람은 자신이 무죄하다고 말하는 자가 아니라, 빛이신 하나님(요한일서 1:5)께 죄를 용서받고 빛 가운데 행하는 사람입니다. 그리스도 안에 있는 사람은 죄의 권세 아래 있지 않지만, 여전히 죄와 싸우고 삶의 현장에서 죄의 가능성을 품고 삽니다. 따라서 우리에게는 회개가 필요합니다. 그러면 용서를 약속하신 하나님이 우리의 죄를 용서하시고 모든 것으로부터 깨끗하게 하셔서 우리를 진실한 빛의 자녀로 자라가게 하실 것입니다.

마지막으로 요한일서는 그리스도께서 우리를 사랑하셨기 때문에 그의 사랑을 입은 자들은 사랑을 행해야 한다고 강조합니다. 결국 하나님 사랑과 이웃 사랑은 공동체 안에서 실현해야 할 최고의 지향점입니다. 이 가르침은 부활하신 예수님이 제자들에게 주신 "너희가 서로 사랑하면 이로써 모든 사람이 너희가 내 제자인 줄 알리라"(요한복음 13:35)라는 새 계명을 상기시킵니다. 하나님이 우리를 구원하신 능력과 성령님의 역사하심은 실재입니다. 우리는 성령을 통해 그리스도 안에서 베푸신 무한한 하나님의 사랑을 깨닫고 일상 가운데 사랑의 열매를 맺을 수 있습니다.

❶ 초대 교회에는 예수님이 참 하나님이자 참 사람이라는 사실을 거부하는
거짓 교사들이 있었습니다. 아래 문장에서 맞는 부분에 ○표시해 보세요.
(성경수업 Lesson 1)

- 예수님은 완전한 **신성과 인성을 / 신성만을** 지니셨다.
- 예수님은 **태초에는 계시지 않으셨던 / 태초부터 계신** 하나님의 아들이
시다.
- 예수님은 우리의 구원을 위하여 **육신을 입고 오셨다 / 인간의 육체를 입
고 오시지는 않았다.**

❷ 예수님은 죄인인 우리를 구원하기 위해 (   )을 입고 (   )
로서 이 땅에 오셨습니다. (성경수업 Lesson 2, 3)

- 그리스도께서 우리의 (   )를 사해 주셨다.
- 그분이 우리의 자리에서 하나님의 (   )를 대신 받으셨다.

❸ 사도 요한은 하나님과 (   )이 있다고 말하면서 어둠 가운데 행한다면
그것은 기필코 (   )이라고 지적합니다. (성경수업 Lesson 4)

❹ 그리스도 안에 있는 사람들은 (   )의 권세 아래 있지 않습니다. 하지만 여전히 (   )와 싸우고 (   )를 지을 가능성을 품고 삽니다. 그러기에 우리에게는 (   )가 필요합니다. (성경수업 Lesson 4)

❺ 요한은 우리가 그리스도와 믿음으로 연합되었다면 우리의 (   )을 통해 구원의 열매가 나타나야 한다고 말합니다. 이는 하나님의 (   )을 반영하여 살아가는 삶을 의미합니다. 특별히 하나님은 (   )이시기 때문에 우리의 모든 행위는 하나님과 이웃에 대한 (   )으로 나타나야 합니다. (성경수업 Lesson 5)

정답

1. 신성과 인성을, 태초부터 계신, 육신을 입고 오셨다 2. 육신, 화목 제물, 죄, 진노 3. 사귐, 거짓
4. 죄, 죄, 죄, 회개 5. 성품, 사랑, 사랑, 사랑

❶ 나의 삶은 내가 그리스도와 연합한 사람이라는 것을 증거하고 있나요? 그
    렇게 생각하는 이유는 무엇인가요?

❷ 하나님은 "사랑"이시기에 우리도 이웃을 사랑해야 한다는 요한의 말을 묵
    상하며 나의 삶을 한번 돌아봅시다. 나의 삶을 통해 하나님과 이웃을 향한
    사랑이 얼마나 드러나고 있나요?

❸ 하나님이 나를 사랑하시는 것처럼 내가 나의 이웃을 진실하게 사랑하는
한 주간이 되기 위해 내가 실천할 수 있는 것들을 나누어 봅시다.

기도로 함께

소망하며

❶ 성경 말씀에 기초해, 찬양과 감사의 기도를 드립니다.

사랑하는 자들아 하나님이 이같이 우리를 사랑하셨은즉

우리도 서로 사랑하는 것이 마땅하도다

요한일서 4:11

❷ 일상의 변화를 소망하며, 회개와 결단의 기도를 드립니다.

❸ 서로를 위해, 또 교회를 위해 기도합니다.

하나님을 향한
_____
찬양
_____

시편 15편 1-5절

여호와여 주의 장막에 머무를 자 누구오며

주의 성산에 사는 자 누구오니이까

정직하게 행하며 공의를 실천하며

그의 마음에 진실을 말하며

그의 혀로 남을 허물하지 아니하고

그의 이웃에게 악을 행하지 아니하며

그의 이웃을 비방하지 아니하며

그의 눈은 망령된 자를 멸시하며

여호와를 두려워하는 자들을 존대하며

그의 마음에 서원한 것은 해로울지라도 변하지 아니하며

이자를 받으려고 돈을 꾸어 주지 아니하며

뇌물을 받고 무죄한 자를 해하지 아니하는 자이니

이런 일을 행하는 자는

영원히 흔들리지 아니하리이다

6

요한계시록 1

성경읽기 요한계시록 1-11장

성경수업 두려움 없는 소망으로 나아가기

성경나눔

Lesson 1 그리스도의 왕권

Lesson 2 그 종들에게 보이시려고

Lesson 3 퍼즐이 아닌 그림책으로

Lesson 4 두려움 없는 소망으로

Lesson 5 요한계시록의 구조

요한계시록 1에

들어가며

성경 66권 중 맨 마지막 책인 요한계시록은 흔히 성경에서 가장 어렵다고 여겨지는 책입니다. 책 전반에 걸쳐 나오는 여러 숫자와 환상 때문에 많은 사람이 요한계시록을 멀리하거나 그 내용과 주제를 이해하지 못하겠다고 말합니다. 그러나 요한계시록은 한 가지 분명한 주제를 선명히 드러내고 있습니다. 구약의 묵시 문학을 대표하는 다니엘서와 같이 요한계시록은 당대를 살아가던 그리스도인들에게 '위로와 소망'을 주기 위한 목적으로 쓰였습니다. 요한계시록 속 여러 상징과 이미지는 근거 없이 갑자기 등장한 것이 아니라 구약성경에 그 바탕을 둡니다. 그렇기에 성경 전체가 그리는 큰 그림 안에서 요한계시록을 읽는 것이 무척 중요합니다.

이번 주는 요한계시록 1장에서 11장까지를 통독합니다. 성경수업을 통해서는 요한계시록이 단지 미래에 대한 내용만 담고 있는 것이 아니라 성도들의 매일의 삶과 깊이 연관된 책으로서 우리에게 어떻게 소망과 위로를 주는지 살펴보겠습니다.

리딩지저스 6권 6강: 요한계시록 1

QR코드를 찍으면 '요한계시록 1' 리딩지저스 영상으로 바로 연결됩니다. 또는 유튜브에서 '리딩지저스 요한계시록 1'을 검색하여 시청할 수 있습니다. '성경읽기'와 '성경수업'을 시작하기 전에 리딩지저스 영상을 시청하면 도움이 됩니다.

QR코드를 찍으면 **리딩지저스 오디오 바이블**로 연결됩니다. 45주 성경통독 일정에 맞추어 제작된 **오디오 바이블**을 통해 매일의 성경통독 분량을 부담 없이 완독할 수 있습니다. 그리스도 중심 성경읽기 《리딩지저스》와 함께하는 성경통독을 통해 하나님과 동행하는 하루하루가 되기를 소망합니다.

이번 주 성경읽기 스케줄

주일	리딩지저스 영상 시청, 성경수업 읽기			
	기본 읽기		**핵심 읽기**	
월	계 1장	완독	계 1장	
화	계 2-3장		계 2장	
수	계 4-5장		계 4장	
목	계 6-7장		계 7장	
금	계 8-9장		계 8장	
토	계 10-11장		계 10장	

1일차 예수 그리스도의 계시라

기본 읽기 요한계시록 1장
핵심 읽기 요한계시록 1장

이제 우리는 성경 66권의 마지막 책인 요한계시록을 읽게 됩니다. 요한계시록은 계시 문학의 특성상 난해하고 까다로운 상징으로 가득하며 종말에 대한 묵시를 다루는 책이라 어렵게 느껴질 수 있는 책입니다. 그러나 《리딩지저스》의 가이드를 잘 따라오면서 묵상하면 건전한 해석을 통한 큰 유익을 누리게 될 것입니다. 요한계시록의 시작은 요한이 아시아의 일곱 교회에 보내는 편지로부터 시작하며, 그리스도의 음성을 듣는 것에서 시작합니다. 요한은 '알파와 오메가'이시며 "이제도 있고 전에도 있었고 장차 올 자요 전능한 자"(8절)이신 주님으로부터 일곱 교회에게 편지를 보내어 주의 말씀을 전하라는 명령을 듣습니다.

2일차 일곱 교회에게 보낸 편지

기본 읽기 요한계시록 2-3장
핵심 읽기 요한계시록 2장

2장과 3장은 주께서 요한을 통하여 아시아의 일곱 교회에 보내시는 편지입니다. 일곱 교회는 각각 에베소, 서머나, 버가모, 두아디라, 사데, 빌라델비아, 라오디게아 교회입니다. 이 교회들은 하나님께 칭찬을 주로 들은 교회(서머나, 빌라델비아), 칭찬과 책망을 겸하여 들은 교회(버가모, 두아디라, 사데), 꾸지람을 주로 들은 교회(에베소, 라오디게아)로 나누어집니다. 당시 이 교회들은 로마 제국으로부터 심한 박해에 시달리고 있었습니다. 주님은 이 교회들에게 여러 가지를 주문하시면서 "귀 있는 자는 성령이 교회들에게 하시는 말씀을 들을지어다"라는 경고로 하나님의 말씀에 귀 기울일 것을 촉구하십니다.

3일차 하늘 보좌에서 경배를 받으시는 어린 양

기본 읽기 요한계시록 4-5장
핵심 읽기 요한계시록 4장

일곱 교회를 향한 주의 말씀을 기록하던 요한의 시선은 하늘로 향합니다. 요한은 성령에 감동되어 하늘의 보좌에서 일어나는 일들을 보게 됩니다. 하늘 보좌에 앉으신 분은 이십사 장로들에게 경배를 받고 계시고, 그 보좌에는 네 생물이 있습니다. 이 네 생물과 이십사 장로는 보좌에 앉으신 분께 경배를 드리고 있습니다. 요한은 또 다른 환상을 보는데, 이번에는 보좌에 앉으신 분의 오른손에 일곱 인으로 봉한 두루마리가 있는 것을 발견합니다. 그 누구도 뗄 수 없는 이 두루마리를 유대 지파의 사자, 다윗의 뿌리가 되시는 분이 친히 떼실 것이라고 장로 중 한 사람이 말해 줍니다. 또 요한은 보좌와 네 생물과 장로들 사이에 한 어린 양이 서 있는 것을 봅니다. 그 어린 양이 두루마리를 취하자 네 생물과 이십사 장로들은 어린 양께 경배하며 찬양을 올려 드립니다.

4일차 시작된 심판, 그리고 구원받은 십사만 사천 명

기본 읽기 요한계시록 6-7장
핵심 읽기 요한계시록 7장

어린 양이 일곱 인을 하나씩 떼기 시작하면서 심판이 시작됩니다. 첫째 인을 떼자 흰 말을 탄 자가 나아오고 둘째 인을 떼자 붉은 말이 나아옵니다. 셋째 인을 떼자 검은 말이, 넷째 인을 떼자 청황색 말이 나아옵니다. 다섯째 인을 떼자 죽임을 당한 영혼들이 자신의 피를 갚아 달라고 부르짖고, 여섯째 인을 떼자 큰 지진이 일어나는 등 무시무시한 천재지변이 일어납니다. 이러한 환상을 본 후, 요한은 또 다른 환상을 봅니다. 이번에는 네 천사가 땅 네 모퉁이에 서 있더니 한 천사가 그들에게 "하나님의 종들의 이마에 인치기까지…해하지 말라"(7:3)라고 외치면서 이스라엘 자손의 각 지파 중에서 144,000명에게 인을 칩니다.

5일차 일곱 나팔

기본 읽기 요한계시록 8-9장
핵심 읽기 요한계시록 8장

드디어 일곱째 인이 떼어지자 하늘이 반 시간쯤 고요하더니 일곱 천사가 일곱 나팔을 받습니다. 이들이 나팔을 불자 재앙이 시작됩니다. 첫째부터 넷째 나팔을 불자 땅과 바다, 물, 해와 달과 별의 1/3이 재앙을 받습니다. 하늘의 독수리가 화가 있으리라고 부르짖지만, 아직도 재앙은 세 가지가 더 남아 있습니다. 다섯째 나팔이 울리자 무저갱이 열리고 황충이 쏟아져 나와서 이마에 인침을 받지 못한 사람들을 괴롭게 합니다. 여섯째 나팔이 울리자 큰 강 유브라데에 결박했던 네 천사를 풀어 주라는 음성에 따라 이 천사들이 놓입니다. 이들은 정해진 시간에 사람 1/3을 죽이기로 준비되어 있던 이들이었습니다. 이렇게 심판이 계속되는데도 사람들은 회개하지 않고 계속 악을 행하기만 합니다.

6일차 일곱째 천사와 일곱째 나팔

기본 읽기 요한계시록 10-11장
핵심 읽기 요한계시록 10장

요한은 힘센 다른 천사가 내려오는 것을 봅니다. 그는 손에 펴 놓인 작은 두루마리를 들고 오른발은 바다를, 왼발은 땅을 밟고 있습니다. 하늘에서 일곱째 천사의 나팔 소리가 나는 날에는 하나님의 비밀이 이루어질 것이라는 외침이 들리고, 또 요한에게 그 천사로부터 두루마리를 받아서 먹으라는 소리가 들립니다. 그 두루마리는 입에서는 달지만 배에서는 씁니다. 이후 요한은 하나님의 성전과 제단과 그 안에서 경배하는 자들을 측량하라는 명을 받고, 한편으로는 두 증인이 예언을 할 것이라는 말씀을 받습니다. 예언을 하고 고난받은 두 증인은 이후 사흘 반 후에 되살아나 하늘로 올라갑니다. 요한은 이후 일곱째 천사가 나팔을 부는 것을 목격합니다. 하늘에서 큰 음성들이 나고 이십사 장로가 하나님께 경배하는 가운데 하늘에 있는 하나님의 성전이 열리고 그 안에 언약궤가 보이며, 번개와 음성들과 우레와 지진과 큰 우박이 있는 것을 보게 됩니다.

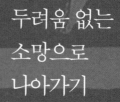

두려움 없는
소망으로
나아가기

요한은 하나님의 말씀과
예수 그리스도의 증거
곧 자기가 본 것을 다 증언하였느니라
요한계시록 1장 2절

Lesson 1 그리스도의 왕권

요한계시록을 극단적으로 대하는 대표적인 두 가지 태도가 있습니다. 첫째, 요한계시록은 어려우니 회피하려는 태도입니다. 다시 말해, 요한계시록을 신비롭고 복잡하고 특이하고 이상한 책으로 생각하는 것이죠. 대체로 이러한 태도를 지닌 사람들은 명확히 읽히고 해석되는 성경만 보려는 경향이 있습니다. 둘째, 요한계시록의 신비를 임의로 해석하려는 태도입니다. 요한계시록의 환상을 곧 일어날 일이나 지금 일어나고 있는 일로서만 생각하여 기록되어 있는 사건들이 언제 어떻게 나타날지에 대해 큰 관심을 보입니다. 요한계시록을 바르게 이해하려면 이러한 극단적인 태도들은 피해야 합니다.

많은 사람들이 요한계시록을 난해한 책으로 이해합니다. 하지만 요한계시록의 큰 그림은 의외로 명료합니다. 요한계시록의 중심 주제는 바로 '그리스도의 왕권'입니다. 다시 말해, 부활하신 만왕의 왕 예수 그리스도께서 마침내 승리하실 것이기 때문에 교회는 그리스도를 증거하면서 이 시대의 사악함에 미혹되어 흔들리지 말고 인내하라는 것이 요한계시록의 중심 내용입니다.

'그리스도의 왕권'이라는 중심 메시지를 염두에 두고 요한계시록의 장르와 문체와 규칙을 이해하면서 읽어 나가보십시오. 그러다 보면, 요한계시록이 독자와 소통하는 방식을 깨닫게 될 것입니다. 따라서 이번 성경수업은 요한계시록에 등장하는 환상이나 이미지들을 세부적으로 해석하는 것에 집중하기보다 요한계시록의 큰 그림과 원리를 그리며 살펴보도록 하겠습니다.

먼저, 요한계시록은 어떻게 읽어야 할까요? 첫째, 기도하면서 읽어야 합니다. 모든 성경 말씀이 그러하듯이 요한계시록을 읽을 때도 성령의 조명하심이 우리에게 필요합니다. 따라서 말씀을 읽기 전에 하나님의 도우심을 구하십시오. 둘째, 중심 주제에 초점을 맞추어 읽어야 합니다. 하나님과 그분의 영광, 그리스도의 주권, 이 시대 속에서 그리스도께 신실한 성도의 삶과 같은 중심 주제를 놓치지 않고 읽을 때 요한계시록의 까다로운 본문들을 바르게 읽고 해석할 수 있습니다. 셋째, 구약성경의 주제와 배경에 비추어 요한계시록에 등장하는 이미지들을 살펴보아야 합니다. 이는 해당 본문이 구약성경과 어떻게 연결되는지 살펴보는 매우 중요한 과정입니다. 마지막으로, 요한계시록의 메시지가 고난과 박해와 죽음의 시간에 대한 이야기인 동시에 격려와 소망의 이야기라는 사실을 반드시 기억해야 합니다.

요한계시록은 현재 진행형인 그리스도의 주권에 비추어 현실에 대한 올바른 관점을 제공합니다. 현재도 만유를 다스리시는 분이 장차 다시 오실 것을 약속하셨다면, 지금 우리의 생각과 삶도 그에 맞추어져야 합니다. 요한계시록은 만유의 주이신 그리스도가 어떤 분인지 우리에게 보여 줍니다. 그리스도의 권능에는 필적할 자가 없습니다. 그리스도께서 가장 높이 계십니다. 지금도 다스리시는 예수 그리스도께서 약속대로 다시 오실 것입니다. 이러한 목적과 큰 그림을 깊이 숙고하면서 요한계시록을 읽어 나가길 바랍니다.

그 종들에게 보이시려고

읽는 자,
_____
듣는 자,
_____
지키는 자

요한계시록의 시작인 1장 1절은 매우 중요한 역할을 합니다. 이 구절은 요한계시록을 읽을 때 우리가 가져야 할 마음가짐과 태도를 알려 주기 때문입니다.

> 예수 그리스도의 계시라 이는 하나님이 그에게 주사 반드시 속히 일어날 일들을 그 종들에게 보이시려고 그의 천사를 그 종 요한에게 보내어 알게 하신 것이라 (요한계시록 1:1)

먼저, "예수 그리스도의 계시라"라는 구절에서 '계시'로 번역된 헬라어 단어 아포칼립시스(ἀποκάλυψις)는 '베일을 벗다', '드러내다'라는 의미가 있습니다. 이 단어는 진리를 비밀스럽게 숨기기보다는 오히려 덮개를 벗겨서 그 내용을 드러내기 위해 요한계시록을 기록했음을 보여 줍니다.

이러한 계시를 주시는 분은 "예수 그리스도"이십니다. 예수 그리스도는 어떤 분일까요? 신약성경의 다른 책들에서 살펴보았듯이 그분은 자비로우시고, 죄에 빠진 자들을 염려하시고, 연약한 자들과 악한 영에 사로잡힌 자들을 찾아가 고치시는 분입니다. 또한 우리의 모든 필요를 이미 알고 계시고, 우리를 구원하기 위해 자신의 생명을 내어놓으신 분입니다. 따라서 요한계시록의 "예수 그리스도의 계시"라는 표현은 우리가 이 책을 이해할 수 있다는 사실을 보증해 줍니다. 우리가 그분의 뜻을 알기 원하시는 예수님은 우리를 어둠 가운데 버려두는 분이 아니시기 때문입니다.

1장 1절의 말씀에서 '보이신다'라는 표현은 '이 책을 누구에게 보이시고자 하는가'라는 흥미로운 질문을 던지게 합니다. 그 대답은 1절에서 밝히는 대로 "하나님의 종들"입니다. 곧 예수 그리스도를 따르는 믿음의 사람들이 바로 이 편지의 수신자입니다. 요한계시록은 신학을 깊이 연구한 학자나 특정 사람들을 위해서가 아니라 모든 그리스도인을 위해 기록된 책입니다.

"계시", "그 종들에게 보이시려고", "알게 하신 것이라"를 통해 알 수 있듯이 요한계시록은 그리스도인이라면 누구나 이 책을 이해할 수 있다고 첫 구절부터 여러 신호를 반복해서 보냅니다. 감추시기 위해서가 아니라 보이고 드러내시기 위해 하나님이 우리에게 이 책을 주셨습니다. 또한 성경의 모든 책 가운데 요한계시록은 말씀을 읽는 자와 듣는 자에게 직접적으로 복이 약속된 유일한 책이기도 합니다.

> 이 예언의 말씀을 읽는 자와 듣는 자와 그 가운데에 기록한 것을 지키는 자는 복이 있나니 때가 가까움이라(요한계시록 1:3)

이 구절에서 "읽는 자"는 '소리 내어 읽는 자'를 의미합니다. 요한계시록의 최초 독자들이 처한 배경을 생각할 때 그 뜻을 분명히 이해할 수 있습니다. 당시에는 글을 읽지 못하는 사람들이 있었기 때문에 모여 있는 회중에게 대표로 소리 내어 책을 읽어 주는 사람이 있었습니다. 이러한 맥락에서 "읽는 자"와 "듣는 자"가 모두 복이 있음을 이해할 수 있습니다. 요한계시록 읽기를 꺼리는 우리의 마음을 이미 알고 있는 듯 책을 읽고 듣는 모든 자에게 복이 있다고 전합니다. 이어서 "그 가운데에 기록한 것을 지키는 자"에게 복이 있다고 말합니다. 이는 요한계시록의 특징을 보여 주는 구절로, 이 책이 단지 미래에 대한 예언과 정보를 마구잡이로 담은 책이 아니라는 점을 말해 줍니다. 요한계시록은 오히려 지금 우리의 영적 유익을 위해 소화해야 하는 책입니다. 이 구절에서 '지킨다'는 말은 읽고 기억하는 것을 넘어 주어진 메시지를 마음 깊이 새기고 간직해서 삶으로 행한다는 의미를 담고 있습니다.

Lesson 3   퍼즐이 아닌 그림책으로

요한계시록의
메시지 전달
방식

요한계시록을 어려운 책으로 느끼는 데는 여러 가지 이유가 있겠지만, 이 책에 등장하는 여러 환상과 상징, 이미지도 한 가지 이유일 것입니다. 그렇다고 요한계시록의 환상이 낯설기만 한 것은 아닙니다. 요한이 본 환상은 구약의 에스겔, 다니엘, 스가랴가 본 환상을 상기시킵니다. 요한계시록에 나타나는 많은 상징과 이미지들은 구약성경에서 가져온 것이기 때문에 우리는 구약을 바탕으로 요한계시록을 읽어 나가야 합니다. '이 구절은 구약의 어떤 이야기와 연결될까?', '이 환상은 구약의 어떤 환상에서 가져온 것일까?' 하는 질문을 던지며 읽어야 합니다. 이렇게 구약성경과 연결 지어 요한계시록을 읽어 나가다 보면, 이 책의 참 의미를 발견할 수 있습니다.

한편 요한계시록에 나타나는 상징들이 대부분 보편적인 상징이라는 사실을 기억해야 합니다. 배경에 대한 자세한 지식이 없어도 직관적으로 이해할 수 있는 상징이 많습니다. 여기서 기억해야 할 것은 상징으로 이루어진 환상들은 미래를 찍은 사진이 아니라 묘사를 사용해 환상이 가리키는 것의 특징을 표현한다는 것입니다.

책으로 비유하자면, 요한계시록은 퍼즐이나 암호 책이 아닌 그림책에

책으로 비유하자면 요한계시록은 퍼즐이나 암호를 풀어야 하는 책이 아닌 **그림책**에 가깝습니다.

가깝습니다. 그림책을 읽는 어린아이들은 책 곳곳에 나오는 메뚜기, 황금 왕관, 여자의 머리, 전갈 꼬리와 같은 상징들을 일일이 해석하지 않습니다. 아이들은 그림책에 나오는 상징들을 단순하게 읽고 즐깁니다. 마찬가지로 요한계시록은 수많은 퍼즐 조각을 하나씩 맞추거나 어려운 암호가 걸린 수수께끼를 풀듯 읽어야 하는 책이 아닙니다. 오히려 요한계시록은 어린 이도 이해할 수 있는 그림책에 가깝습니다. 따라서 그림책을 읽을 때처럼 종합적으로 요한계시록을 읽는 방식이 중심 메시지를 이해하는 데 도움이 됩니다.

예를 들어, 요한계시록 9장의 메뚜기 이미지를 읽어 갈 때, 어른들은 그림으로 전달되는 내용에 불필요한 의심을 가질 수 있습니다. 그러나 아이들은 두려움을 주는 괴물의 이미지를 통해 사탄의 세력들이 만들어 내는 위험이 얼마나 대단한지 그 분위기를 느끼고, 그 악한 세력들이 사탄의 포로로 잡힌 사람들에게 어떤 사악한 행동을 하는지를 찾아냅니다. 이처럼 퍼즐 조각을 맞추려 애쓰는 어른들보다 큰 그림의 분위기를 느끼는 어린 아이들이 요한계시록을 이해하는 데 더 유리하다는 것은, 첫 구절에서 살펴본 것처럼 요한계시록이 평범한 사람들이 읽고 이해할 수 있는 책이라는 사실을 상기시킵니다.

Lesson 4 두려움 없는 소망으로

**그리스도의
최종적 승리**

요한계시록이 담고 있는 중심 내용은 얼핏 복잡해 보이지만 사실 간단합니다. 주석가 윌리엄 핸드릭슨은 요한계시록 17장 4절이 이 책의 전체 메시지를 가장 영광스럽게 요약한다고 말합니다.

> 그들이 어린 양과 더불어 싸우려니와 어린 양은 만주의 주시요 만왕의 왕이시므로 그들을 이기실 터이요 또 그와 함께 있는 자들 곧 부르심을 받고 택하심을 받은 진실한 자도 이기리로다(요한계시록 17:14)

신약학자인 번 포이트레스는 요한계시록의 전체 주제를 "하나님이 역사를 주관하시고 그리스도 안에서 역사를 완성하신다"라고 요약합니다. 학자들마다 다양한 언어로 요한계시록의 중심 주제를 표현하지만, 이들 모두 요한계시록의 여러 이미지가 '악한 세력과의 싸움에서 끝내 승리하시는 예수님'을 보여 준다는 데 동의합니다.

이 중심 메시지를 적용하며 요한계시록 9장의 '전갈 꼬리를 가진 황충' 이미지를 보면, 그 이미지가 무엇을 그려 내는지에 집중하기보다 '보좌에

요한계시록은 하나님과 악한 세력들 간의 싸움이 있지만 끝내 **예수님이 승리하신다**는 사실을 여러 **이미지**로 보여 줍니다.

앉으신 그리스도의 최종적 승리'라는 관점을 놓치지 않고 읽어 갈 수 있습니다. 즉, 갈등으로 끝나는 이야기가 아니라 하나님의 주권 아래 하나님이 역사를 이끌어 가신다는 큰 그림에 비추어 본문을 읽게 됩니다. 요한계시록은 '그리스도의 왕권'을 보여 주는 위대한 책이기 때문입니다.

현대 기독교 문화는 예수님이 '우리의 친구'라는 면을 과하게 강조하려는 경향이 있습니다. 예수님이 우리를 친구로 부르신 것은 사실이며, 이는 우리에게 엄청난 특권입니다. 하지만 성경 전체가 예수님을 어떤 분이라고 증거하는지를 우리는 기억해야 합니다. 예수님은 성경을 통해 자신이 위엄 있는 왕이며 우주의 주인임을 보여 주십니다. 특히 요한계시록은 세상을 창조하시고 역사를 운행하시는 하나님이 마지막 날에 만물을 예수 그리스도를 경배하는 자리로 나아가게 하시고, 예수님을 따르는 자들이 그분의 승리에 참여할 것이라고 가르칩니다.

　요한계시록은 '그리스도의 위엄과 주권'을 환상과 이미지를 통해 표현함으로써 우리의 상상력을 사용하여 그분이 어떤 분인지에 대해 묵상하도록 이끄는 위대한 책입니다. 아울러 현재를 살아가는 우리에게 소망을 주는 책입니다. 다가오는 두려운 심판과 대적들과의 전쟁 역시 그리스도를 따르는 사람들에게는 승리가 약속된 일들입니다. 다시 오실 왕이 만물을 회복하실 것이며, 역사는 그리스도를 향한 영원한 찬송의 자리로 나아가게 될 것입니다.

요한계시록의 구조

요한계시록의 구조를 이해하는 것은 매우 중요합니다. 앞서 언급했듯이 요한계시록에 나타난 여러 이미지와 환상에 대한 뜻풀이에 집중하다가 길을 잃은 사람들이 참 많습니다. 어떤 경우는 책의 중간 부분까지 읽고도 갈피를 못 잡고 혼란을 느끼기도 합니다. 요한계시록의 구조는 여러 모양으로 들여다볼 수 있지만, 독자가 지나치게 독창적으로 구조를 설정하다 보면 요한계시록이 전하려는 메시지보다 자신이 투영한 내용에 따라 읽어 나가기 쉽습니다. 그러므로 독자의 관점을 투영하기 전에 우리는 조금 더 일반화된 구조를 우선으로 살펴보아야 합니다. 먼저, 서신서로서의 요한계시록은 머리말과 인사말, 본론과 끝인사로 구성되어 있습니다.

● **요한계시록의 구조**

1:1-3	머리말
1:4-5a	인사말
1:5b-22:20	본론
22:21	끝인사

요한계시록의 본론을 다시 구조화하여 나누는 기준에도 여러 견해가 있습니다. 여기서 우리는 1장 19절이 강조하는 세 가지 표현을 바탕으로 본론의 구조를 이해할 수 있습니다.

그러므로 네가 본 것과 지금 있는 일과 장차 될 일을 기록하라(요한계시록 1:19)

● 요한계시록 1:19의 세 가지 강조점

"네가 본 것"에 관하여	사도 요한이 본 것	1:12-20
"지금 있는 일"에 관하여	일곱 교회	2:1-3:22
"장차 될 일"에 관하여	4장 이후의 이야기	4:1-22:5

1장 12절에서 20절의 내용은 "네가 본 것"(사도 요한이 본 것)이고, 2-3장의 일곱 교회에 대한 내용은 "지금 있는 일"이며, 4장 이후의 내용은 "장차 될 일"로 나누어 볼 수 있습니다. 하지만 이는 대략적인 구분으로 2장과 3장에서도 미래에 대한 약속이 있고, 4장 이후에는 현재나 과거와 연관된 내용이 있습니다. "장차 될 일"에 관한 4장 이후의 구조를 나누는 데에도 여러 견해가 있지만, 한 가지만 제시한다면 크게 일곱 개의 큰 단락으로 구분하는 방법입니다.

● 요한계시록 4장 이후의 구조

4:1-8:1 보좌에 앉으신 하나님과 일곱 인

8:2-11:19 일곱 나팔

12-14장 재림과 관련한 일곱 상징적 사건

15-16장	일곱 대접
17:1-19:10	바벨론 몰락에 대한 일곱 선언
19:11-21	재림에 대한 묘사
20:1-15	흰 보좌

이 일곱 단락은 시간의 흐름에 따라 구성되기보다는 서로 다른 강조점을 가지고 예수님의 재림과 그분의 왕권을 묘사한다고 할 수 있습니다. 하나의 중심 메시지를 여러 각도로 다양하게 보여 주고 있는 것이죠. 뒤로 갈수록 이야기는 절정을 향해 가고 예수님의 재림 직전에 나타날 강렬한 사건들에 초점을 둡니다.

요한계시록 4장 이후의 이야기는 전체적으로 전쟁이라는 큰 틀에서 전개됩니다. 먼저 하늘로부터 전쟁에 대한 위임이 있고 이후 전투가 시작됩니다. 사탄의 군대는 전투 중에 처절하게 저항합니다. 하지만 사탄과 그 추종자들을 비롯한 모든 악이 제거되고 하나님의 군대는 결국 승리를 누리게 됩니다.

● 요한계시록의 전쟁 이야기

전쟁의 위임	일곱 인	4:1-8:1
전쟁의 수행	일곱 나팔, 일곱 상징적 사건, 일곱 대접	8:2-16:21
적들의 제거	바벨론에 대한 심판, 백마 심판, 흰 보좌 심판	17:1-21:8

여기서 기억해야 할 것은 요한계시록이 이러한 전쟁 이야기를 전개하는 중에도 하나님을 향해 반복하여 찬양을 드린다는 점입니다(1:12-20, 4:1-5:14, 7:9-17, 8:3-5, 11:16-19, 12:10-12, 14:1-7, 15:2-8, 16:5-7, 19:1-10, 20:4-6,

21:1-22:5). 이처럼 요한계시록은 역사를 통치하시며 그리스도 안에서 역사를 완성하실 하나님께 경외와 두려움, 찬양과 믿음, 순종으로 반응하게 하며, 진정한 예배로 하나님을 찬양하게 합니다.

…보좌에 앉으신 이와 어린 양에게 찬송과 존귀와 영광과 권능을 세세토록 돌릴지어다…(요한계시록 5:13)

…각 나라와 족속과 백성과 방언에서 아무도 능히 셀 수 없는 큰 무리가 나와 흰 옷을 입고 손에 종려 가지를 들고 보좌 앞에 어린양 앞에 서서 큰 소리로 외쳐 이르되 구원하심이 보좌에 앉으신 우리 하나님과 어린 양에게 있도다 하니(요한계시록 7:9-10)

…허다한 무리의 음성과도 같고 많은 물 소리와도 같고 큰 우렛소리와도 같은 소리로 이르되 할렐루야 주 우리 하나님 곧 전능하신 이가 통치하시도다(요한계시록 19:6)

READING JESUS

리딩지저스
: 그리스도 중심으로 읽는 요한계시록 1

구약성경이 결국 그리스도를 가리킨다는 사실을 우리는 지금까지《리딩지저스》전체를 통해 배우고 익혔습니다. 예수님은 구약성경이 자신을 가리킨다고 친히 말씀하셨습니다. 특별히 성경 66권의 마지막 책인 요한계시록은 성경의 절정이요 중심이신 예수 그리스도의 통치가 완성되는 그림을 장엄하게 보여 줍니다. 구약성경의 최종 완성이신 그리스도는 마지막 때에 모든 것을 성취하십니다. 특별히 요한계시록은 구약성경의 선지서 가운데서도 다니엘과 에스겔이 본 환상이 예수님 안에서 어떻게 성취되는지를 그려 냅니다. 이해하기 어렵던 구약의 상징과 환상들의 의미가 요한계시록을 통해 비로소 완전히 드러납니다. 요한계시록은 선지자들의 예언과 약속을 신실하게 인도하신 하나님이 그 약속들을 그리스도 안에서 어떻게 성취하시는지를 보여 줍니다.

마지막 때, 악한 세력들은 모두 만물의 주인이신 그리스도로 인하여 멸망할 것이며, 완전한 승리와 감격만이 세상을 뒤덮을 것입니다. 그리고 하나님의 백성은 이제 그 승리에 동참하여 완전하고 순결한 교회로서 그분과 함께 세상을 다스리게 될 것입니다. 이 진리를 선포하는 요한계시록은 두려움이 아니라 승리가 약속된 소망의 책으로서 우리에게 주어졌습니다. 처음과 마지막, 시작과 끝을 다스리시는 예수 그리스도께서 모든 것을 초월하는 권세로 그분의 백성에게 최종적인 승리를 주실 것입니다.

요한계시록 1

한눈에 보기

많은 사람들이 요한계시록을 난해한 책으로 이해하지만, 요한계시록의 큰 그림은 의외로 명료합니다. 요한계시록의 중심 주제는 바로 '그리스도의 왕권'입니다. 부활하신 만왕의 왕으로서 예수 그리스도께서 마침내 이기실 것이기에, 교회가 그분을 증거하면서 이 시대의 사악한 미혹에 흔들리지 말고 인내하라는 것이 요한계시록의 중심 내용입니다.

요한계시록은 모든 그리스도인을 위하여 기록되었습니다. "계시", "그 종들에게 보이시려고", "알게 하신 것이라"와 같이 요한계시록은 첫 구절에서부터 그리스도인이라면 누구나 이 책을 이해할 수 있다고 여러 신호를 반복해서 보여 줍니다. 또한 1장 3절의 말씀을 통해 요한계시록이 단지 미래에 대한 예언과 정보를 마구잡이로 담은 책이 아니라, 우리의 영적 유익을 위해 마음 깊이 새기고 간직해서 삶으로 행할 내용을 담아낸 책임을 알 수 있습니다.

요한계시록에 나타나는 많은 상징과 이미지들은 구약성경에서 가져온 것이기 때문에 우리는 구약을 바탕으로 요한계시록을 읽어 나가야 합니다.

또한 요한계시록에 나타나는 상징들이 대부분 보편적인 상징이라는 사실을 기억해야 합니다. 요한계시록에는 배경에 대한 자세한 지식이 없어도 직관적으로 이해할 수 있는 상징이 많습니다. 책으로 비유하자면 요한계시록은 퍼즐이나 암호 책보다는 그림책과 비슷합니다. 그래서 머리를 싸매고 조각을 맞추려고 노력하기보다는 종합적인 방식으로 요한계시록을 읽는 것이 유익합니다.

요한계시록의 여러 이미지는 이 책의 중심 주제를 나타내는 장치들로, '악한 세력과의 싸움에서 결국 승리하시는 예수님'을 나타냅니다. 요한계시록은 '그리스도의 위엄과 주권'을 환상과 이미지를 통해 표현함으로써 우리의 상상력을 사용하여 그분이 어떤 분인지에 대해 묵상하게 합니다.

서신서로서의 요한계시록은 머리말과 인사말, 본론과 끝인사로 구성되어 있습니다. 요한계시록의 본론을 다시 구조화하여 나누는 기준에도 여러 견해가 있습니다. 특히 우리는 1장 19절이 강조하는 세 가지 표현("네가 본 것", "지금 있는 것", "장차 될 일")을 바탕으로 본론의 구조를 이해할 수 있습니다. 4장 이후의 구조는 크게 일곱 단락으로 구분할 수 있습니다. 이 일곱 단락은 서로 다른 강조점을 가지고 예수님의 재림과 그분의 왕권을 묘사하는데, 뒤로 갈수록 이야기는 절정을 향해 가고 예수님의 재림 직전에 나타날 강렬한 사건들에 초점을 둡니다. 이러한 이야기를 전개하는 가운데 요한계시록 전체에는 하나님을 향한 반복된 찬양이 있습니다. 이는 마치 그리스도 안에서 역사를 완성하실 하나님께 진정한 예배를 드리라고 요한계시록의 독자들을 초청하는 것만 같습니다. 요한계시록은 두려움이 아니라 승리가 약속된 소망의 책으로서 우리에게 주어졌습니다. 모든 것을 초월하는 권세를 가지신 예수 그리스도께서 그분의 백성에게 최종적인 승리를 주실 것입니다.

❶　요한계시록의 중심 주제는 바로 (　　　　　　　　　)입니다. 부활하신
　　(　　　　　　　　) 예수 그리스도께서 마침내 이기실 테니, 교회는 그
　　분을 증거하면서 이 시대의 사악함에 미혹되어 흔들리지 말고 (　　　)하
　　라는 것이 요한계시록의 중심 내용입니다. (성경수업 Lesson 1)

❷　요한계시록에 나타나는 많은 상징과 이미지를 어떻게 읽어야 할까요?
　　(성경수업 Lesson 3)

　　• 요한계시록에 나타나는 상징과 이미지는 (　　　　　　)에서 가
　　　져온 것이다.
　　• 요한계시록에 주로 나타나는 상징들은 대부분 (　　　　)이다.
　　• 요한계시록은 퍼즐이나 암호 책이 아닌 (　　　　)에 가깝다.

❸　요한계시록이 담고 있는 중심 내용은 "하나님이 (　　　)를 주관하시고
　　그리스도 안에서 (　　　)를 완성하신다"는 것입니다. 요한계시록의 여
　　러 이미지는 '악한 세력과의 싸움에서 끝내 (　　　)하시는 예수님'을 보
　　여 줍니다. (성경수업 Lesson 4)

❹ 요한계시록은 역사를 (   )하시며 그리스도 안에서 역사를 (   ) 하실 하나님께 경외와 두려움, 찬양과 믿음, 순종으로 반응하게 하며, 진정한 (   )로 하나님을 찬양하게 합니다. 성경수업 Lesson 5

❺ 마지막 때, 악한 세력들은 모두 (   )이신 그리스도로 인하여 멸망할 것이며 완전한 (   )와 감격만이 세상을 뒤덮을 것입니다. 그리고 하나님의 백성은 이제 그 승리에 동참하여 완전하고 순결한 (   )로서 그분과 함께 세상을 다스리게 될 것입니다. 리딩지저스

정답

1. 그리스도의 왕권, 만왕의 왕, 인내 2. 구약성경, 보편적, 그림책 3. 역사, 역사, 승리 4. 통치, 완성, 예배 5. 만물의 주인, 승리, 교회

❶ 그동안 나에게 요한계시록은 어떤 책이었나요?《리딩지저스》6권과 함께
성경을 통독하며 요한계시록에 대한 나의 생각은 어떻게 바뀌었나요?

❷ 나는 그동안 예수님을 어떤 분으로 생각하고 있었나요? 예수님이 나의 왕
이시며 만물의 주인이시라는 사실은 나에게 어떤 의미로 다가오나요?

❸ 우리의 왕이신 예수님을 전심으로 높이는 한 주간이 되기 위해 내가 실천할 수 있는 것들을 나누어 봅시다.

기도로 함께
소망하며

❶ 성경 말씀에 기초해, 찬양과 감사의 기도를 드립니다.

우리 주 하나님이여

영광과 존귀와 권능을 받으시는 것이 합당하오니 주께서 만물을 지으신지라

만물이 주의 뜻대로 있었고 또 지으심을 받았나이다 하더라

요한계시록 4:11

❷ 일상의 변화를 소망하며, 회개와 결단의 기도를 드립니다.

❸ 서로를 위해, 또 교회를 위해 기도합니다.

시편 2편 1-12절

어찌하여 이방 나라들이 분노하며 민족들이 헛된 일을 꾸미는가

세상의 군왕들이 나서며 관원들이 서로 꾀하여

여호와와 그의 기름 부음 받은 자를 대적하며

우리가 그들의 맨 것을 끊고 그의 결박을 벗어 버리자 하는도다

하늘에 계신 이가 웃으심이여 주께서 그들을 비웃으시리로다

그 때에 분을 발하며 진노하사 그들을 놀라게 하여 이르시기를

내가 나의 왕을 내 거룩한 산 시온에 세웠다 하시리로다

내가 여호와의 명령을 전하노라

여호와께서 내게 이르시되

너는 내 아들이라 오늘 내가 너를 낳았도다

내게 구하라 내가 이방 나라를 네 유업으로 주리니

네 소유가 땅 끝까지 이르리로다

네가 철장으로 그들을 깨뜨림이여

질그릇 같이 부수리라 하시도다

그런즉 군왕들아 너희는 지혜를 얻으며

세상의 재판관들아 너희는 교훈을 받을지어다

여호와를 경외함으로 섬기고 떨며 즐거워할지어다

그의 아들에게 입맞추라

그렇지 아니하면 진노하심으로 너희가 길에서 망하리니

그의 진노가 급하심이라

여호와께 피하는 모든 사람은 다 복이 있도다

7

요한계시록 2

성경읽기 요한계시록 12-22장

성경수업 승리하는 그리스도, 승리하는 교회

성경나눔

Lesson 1   모방하는 악의 세력

Lesson 2   일곱 교회를 향한 편지

Lesson 3   십사만 사천명

Lesson 4   바벨론의 멸망과 어린 양의 혼인 잔치

Lesson 5   새 하늘과 새 땅

요한계시록 2에
들어가며

성경의 마지막 책인 요한계시록은 단지 알 수 없는 미래를 예언하는 책이 아닙니다. 오히려 요한계시록은 하나님의 주권과 승리라는 관점으로 우리가 살아가는 현실을 바라볼 수 있도록 도와줍니다. 사탄의 속이는 전략과 죄에 대해 통찰하도록 함으로써 우리를 영적 무감각에서 벗어날 수 있도록 일깨웁니다.

또한 요한계시록은 교회에 관한 책이기도 합니다. 특정 시대의 교회만이 아니라 모든 시대의 교회를 향해 기록된 하나님의 말씀입니다. 요한계시록은 다시 오실 그리스도를 만왕의 왕으로 따르는 교회가 이 세상에서 어떤 모습으로 존재해야 하는지, 그리고 현재와 미래에 대해 어떠한 소망을 가져야 하는지를 생생한 이미지를 사용해 가르쳐 줍니다.

이번 주는 요한계시록 12장부터 마지막 장인 22장까지를 통독합니다. 성경수업을 통해서는 처음과 마지막이 되시는 예수 그리스도의 승리와 함께 교회가 그분을 증거하는 가운데 인내하며 이 시대의 미혹에 흔들리지 않고 어떻게 깨어 있어야 할지를 살펴보겠습니다.

리딩지저스 6권 7강: 요한계시록 2

QR코드를 찍으면 '요한계시록 2' 리딩지저스 영상으로 바로 연결됩니다. 또는 유튜브에서 '리딩지저스 요한계시록 2'를 검색하여 시청할 수 있습니다. '성경읽기'와 '성경수업'을 시작하기 전에 리딩지저스 영상을 시청하면 도움이 됩니다.

QR코드를 찍으면 **리딩지저스 오디오 바이블**로 연결됩니다. 45주 성경통독 일정에 맞추어 제작된 **오디오 바이블**을 통해 매일의 성경통독 분량을 부담 없이 완독할 수 있습니다. 그리스도 중심 성경읽기 《리딩지저스》와 함께하는 성경통독을 통해 하나님과 동행하는 하루하루가 되기를 소망합니다.

이번 주 성경읽기 스케줄

주일	리딩지저스 영상 시청, 성경수업 읽기			
	기본 읽기		**핵심 읽기**	
월	계 12-13장	완독	계 12장	
화	계 14-15장		계 14장	
수	계 16-17장		계 17장	
목	계 18-19장		계 19장	
금	계 20-21장		계 21장	
토	계 22장		계 22장	

기본 읽기 요한계시록 12-13장
핵심 읽기 요한계시록 12장

요한은 계속해서 특이한 환상을 목격합니다. 발아래 달이 있고 머리에 열두 별의 관을 쓴 해를 옷 입은 여자가 아이를 해산하려 하자 붉은 용이 온갖 수를 써서 그 여자의 출산을 방해하려 합니다. 여인은 결국 아이를 낳는데, 그 아이는 철장으로 만국을 다스릴 남자입니다. 이후 하늘의 전쟁이 있어 마귀가 미가엘을 비롯한 천사들에게 패배하여 그의 부하들과 땅으로 내쫓기고, 아이를 출산한 후 광야로 도망한 여인에게 분노하여 여자의 남은 자손과 싸우기 위해 바닷가 모래 위에 섭니다. 이후 요한은 바다에서 열 뿔과 일곱 머리가 달린 짐승이 올라오는 환상을 봅니다. 이 짐승은 용에게 권세를 받아서 하나님을 마음껏 모독하고 성도들과 싸워 이기고, 땅에 사는 이들은 짐승에게 경배합니다. 요한은 또 다른 짐승이 땅에서 올라오고, 그 짐승이 사람들에게 짐승의 표를 오른손이나 이마에 주는 것을 목격합니다.

기본 읽기 요한계시록 14-15장
핵심 읽기 요한계시록 14장

요한은 어린 양이 144,000명과 시온산에 서 있는 것을 목격합니다. 이들은 보좌 앞과 네 생물과 장로들 앞에서 새 노래를 부릅니다. 이 환상 이후 또 다른 천사가 모든 민족과 종족과 방언과 백성에게 영원한 복음을 선포합니다. 이어서 두 번째 천사가 큰 성 바벨론의 멸망을, 세 번째 천사가 배교한 이들에게 선포될 심판을 선언하는 것을 목격합니다. 이후, 흰 구름 위에 인자 같은 이가 땅에 낫을 휘둘러 마지막 심판을 진행합니다. 하늘에 또 다른 이적이 시작되고, 일곱 천사가 일곱 재앙을 가지고 내려오는 것이 보입니다. 이렇게 요한은 영광을 받으시는 하나님이 세상에 마지막 심판을 행하시는 것을 봅니다.

3일차 큰 음녀에게 임할 심판

기본 읽기 요한계시록 16-17장
핵심 읽기 요한계시록 17장

성전에서 큰 음성이 들리고, 하나님의 진노의 일곱 대접을 땅에 쏟으라는 명령을 일곱 천사가 듣습니다. 일곱 대접을 하나씩 쏟을 때마다 땅에는 재앙이 일어납니다. 여섯째 천사가 대접을 유브라데 강에 쏟자 강물이 말라 동방에서 오는 왕들의 길이 되고 개구리처럼 생긴 더러운 영 셋이 아마겟돈이라는 곳으로 왕들을 소집합니다. 한편 일곱째 천사가 대접을 쏟자 큰 지진이 일어나며 큰 성이 세 갈래로 갈라지고, 엄청난 규모의 우박이 쏟아집니다. 이후 일곱 천사 중 하나가 요한을 불러 큰 음녀가 받을 심판을 보여 줍니다. 요한은 성령에 이끌려 광야로 가는데, 거기서 붉은 짐승을 타고 화려하게 꾸민 여자를 봅니다. 그 여자의 이름은 큰 바벨론으로, 성도들과 예수의 증인들의 피에 취해 있습니다. 천사는 그 여자의 정체를 설명하며 그녀가 받을 심판에 관해 설명합니다.

4일차 짐승과 거짓 선지자가 심판을 받다

기본 읽기 요한계시록 18-19장
핵심 읽기 요한계시록 19장

요한은 17장의 환상을 본 후에 다른 천사가 하늘에서 내려오는 것을 봅니다. 그 천사는 힘찬 음성으로 바벨론이 무너졌음을 선포합니다. 또 다른 음성은 바벨론에서 나와 그의 죄에 참여하지 말 것을 촉구하며 바벨론의 죄악과 바벨론이 받을 심판을 선언합니다. 이러한 심판의 환상들 끝에 드디어 요한은 19장에서 하나님이 모든 상황을 정리하시는 것을 봅니다. 하늘에서 할렐루야가 울려 퍼지며, 백마를 탄 자가 나타납니다. 그는 하늘에 있는 군대를 이끌고 만국을 치며 모든 것을 정리합니다. 짐승과 땅의 임금들과 군대와 거짓 선지자들은 붙잡혀 죽임을 당하거나 유황불 붙는 못에 던져지는 심판을 받습니다.

5일차 새 예루살렘에서 맛볼 영원한 위로

기본 읽기 요한계시록 20-21장
핵심 읽기 요한계시록 21장

요한이 다시 환상을 봅니다. 천사가 무저갱(바닥이 없는 굴)의 열쇠와 큰 쇠사슬을 갖고 내려와 옛 뱀이요 마귀요 사탄이라 불리는 용을 잡아 천 년간 결박하여 무저갱에 던지는 것을 보고, 그가 잠깐 놓이는 것도 봅니다. 다시 보좌를 바라보자 보좌에 앉은 이들이 심판하는 권세를 받은 것과 순교한 이들이 천 년간 왕 노릇 하는 모습을 보게 됩니다. 이렇게 첫째 부활이 일어납니다. 천 년이 차자 사탄이 옥에서 놓여 사방에 싸움을 붙입니다. 그러나 미혹하는 마귀는 불과 유황 못에 던져져서 영원한 괴로움을 받게 되고 모든 죽은 자가 일어나 심판을 받으며 악인들은 불못에 던져집니다. 이후 요한은 새 하늘과 새 땅을 바라보는데, 하나님이 친히 모든 사람의 눈에서 눈물을 닦아 주시리라는 음성을 듣습니다. 요한은 새 예루살렘을 바라보며, 황금과 보석으로 꾸며진 그 성을 측량합니다.

6일차 아멘, 주 예수여 오시옵소서!

기본 읽기 요한계시록 22장
핵심 읽기 요한계시록 22장

요한계시록 22장은 21장에서 요한이 본 새 예루살렘의 모습을 잠시 묘사하는 것으로 시작하여 이후 하늘의 당부를 듣는 것으로 마무리됩니다. 요한은 이 두루마리의 예언의 말씀을 지키는 자들에게 복이 있음을 선언하고, 끝까지 배교하지 말고 하나님을 붙잡으라고 권면합니다. 이 두루마리의 말씀 외에 다른 말씀을 더하면 하나님이 그에게 재앙을 더하실 것이고, 말씀을 제하여 버리면 하나님이 거룩한 성에 참여함을 제하여 버리실 것이라고 경고하며 "아멘 주 예수여 오시옵소서"라는 외침으로 마무리합니다.

45주 동안《리딩지저스》의 성경읽기를 따라 성경 통독에 참여한 여러분을 축복합니다. 하나님이 여러분의 눈물을 친히 닦아 주시고 은혜를 베푸시기를 바랍니다. 《리딩지저스》의 마지막 장을 넘길 때, 우리 모두 "마라나타! 아멘 주 예수여 오시옵소서!"를 함께 외칠 수 있기를 바랍니다.

2부

성경 수업

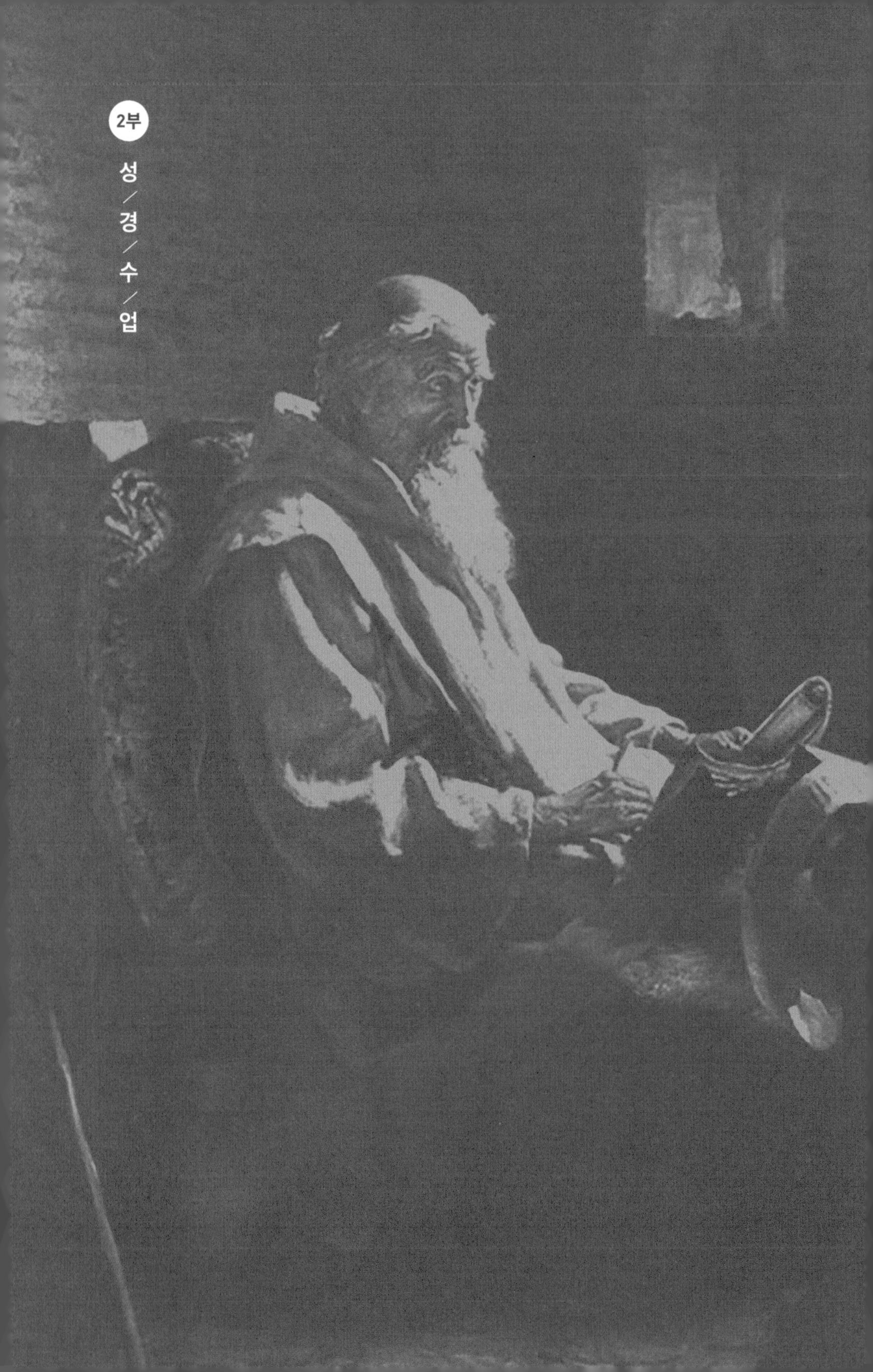

승리하는
그리스도,
승리하는 교회

복음에는 하나님의 의가 나타나서
믿음으로 믿음에 이르게 하나니 기록된 바
오직 의인은 믿음으로 말미암아 살리라
함과 같으니라

로마서 1장 17절

모방하는 악의 세력

사탄의 전략

요한계시록은 하나님을 대적하는 사탄이 사용하는 전략을 간파하여 보여줍니다. 사탄의 전략은 바로 '거짓 모방'입니다. 사탄은 삼위일체 하나님의 모습을 위조하고 흉내 냅니다. 요한계시록 12-13장을 중심으로 그 내용을 살펴보겠습니다.

요한계시록 12장에서 사탄은 옛 뱀이라고도 불리는 "용"으로 등장합니다. 이 용은 창세기 3장에서 아담과 하와를 속였던 뱀으로 온 천하를 꾀고 하나님의 백성을 핍박하는 존재입니다. 이 용은 성부 하나님을 흉내 내며 악한 계획을 세우고 그 일을 실행하려고 합니다.

13장에서는 이 용과 같은 모습을 한 "짐승"이 바다로부터 올라와 그 정체를 드러냅니다. 다니엘서 7장에 등장하는 네 짐승을 합친 모습을 한 이 짐승은 용에게서 권세를 받고 그의 계획을 실행합니다. 이 짐승은 하나님과 그분의 백성을 대적하고 하나님을 모독합니다. 그뿐만 아니라 부활도 거짓으로 모방하여 땅에 있는 자들로부터 경배를 받으며 가짜 메시아 행세를 합니다.

내가 보니 바다에서 한 짐승이 나오는데 뿔이 열이요 머리가 일곱이
라 그 뿔에는 열 왕관이 있고 그 머리들에는 신성 모독 하는 이름들
이 있더라(요한계시록 13:1)

또 권세를 받아 성도들과 싸워 이기게 되고 각 족속과 백성과 방언과
나라를 다스리는 권세를 받으니(요한계시록 13:7)

이후 또 다른 짐승이 땅에서 올라오는데 이 짐승은 "거짓 선지자"로 밝
혀집니다. 거짓 선지자는 용과 짐승의 대변자로서 이적을 행하여 사람들
을 미혹합니다. 거짓 선지자는 교만하여 자랑하는 말을 하고 하나님을 비
방할 뿐만 아니라, 사람들을 선동해 바다에서 나온 짐승을 예배하도록 이
끕니다. 용, 짐승, 거짓 선지자는 각각 성부, 성자, 성령 하나님을 거짓되게
모방하고 하나님 행세를 하며 사람들을 미혹하는 존재들로 묘사됩니다.

또 내가 보매 개구리 같은 세 더러운 영이 용의 입과 짐승의 입과 거
짓 선지자의 입에서 나오니(요한계시록 16:13)

사탄이 거짓 모방자라는 사실은 우리에게 경고의 메시지를 던집니다.
예수 그리스도가 아닌 다른 우상을 예배하도록 하고, 우리를 속여 하나님
을 비방케 하는 존재들이 이 세상에 무수히 많다는 것을 경고합니다. 사탄
은 기만을 사용하길 좋아합니다. 기만은 죄와 긴밀히 연결되어 있습니다.
우리가 죄를 짓는 것은 죄에게 속임을 당한 결과입니다. 죄는 사탄이 어린
양보다 더 나은 것을 준다고 하며 우리를 속입니다. 속임당한 사람들은 어
린 양을 예배하는 데서 멀어지고 결국 세상을 예배하기에 이릅니다. 요한

계시록은 지금 우리가 누구를 예배하고 있는지 묻습니다. 어린 양을 예배하는지, 짐승을 예배하는지 묻고 있습니다.

한편, 사탄이 거짓 모방자라는 사실은 영적 전쟁의 현실 한가운데 있는 우리에게 큰 위로의 메시지가 됩니다. 영적 전투 속에서 강력히 다가오는 우리의 대적이 두렵고 놀라운 능력을 가진 것처럼 보이지만, 결국 그는 하나님을 흉내 내는 존재에 지나지 않기 때문입니다. 요한계시록은 거짓 모방자의 최후를 통해 우리의 최종 승리가 이미 확정되었음을 보여 줍니다.

> 짐승이 잡히고 그 앞에서 표적을 행하던 거짓 선지자도 함께 잡혔으니…산 채로 유황불 붙는 못에 던져지고(요한계시록 19:20)

사탄의 권세는 영원하지 않으며, 곧 결박되어 멸망될 것입니다. 그리고 그를 따르는 자들도 멸망할 것입니다. 이런 관점에서 볼 때, 요한계시록의 '육백육십육'(666)이라는 숫자는 사악하고 위험한 숫자가 아니라 삼중의 헛됨을 나타내는 '모조(모방) 삼위일체'의 숫자라고 할 수 있습니다. 완전한 숫자를 칠백칠십칠(777)이라고 한다면, 육백육십육(666)은 헛되고 헛되고 헛됨을, 멸망하고 멸망하고 멸망할 것을 지칭합니다. 하나님을 거짓 모방하는 부정한 가짜 삼위일체는 불완전하고 일시적이며 결국에는 승리하지 못할 것입니다. 육백육십육(666)은 짐승이 하나님이 아님을 보여 주고 사탄의 기만적인 표출을 분별하기 위해 우리가 영적으로 깨어 있어야 한다는 사실을 상기시킵니다.

Lesson 2　일곱 교회를 향한 편지

모든 시대의

교회를 향한

경고

요한계시록 2장과 3장에는 일곱 교회(에베소, 서머나, 버가모, 두아디라, 사데, 빌라델비아, 라오디게아)를 향한 편지가 기록되어 있습니다. 이 일곱 교회는 모든 시대의 교회를 대표합니다. 일곱 교회 중 에베소 교회와 라오디게아 교회가 가장 심한 책망을 받습니다. 에베소 교회는 뛰어난 신학적 지식과 분별력을 갖추었지만 첫사랑을 잃었습니다. "그러나 너를 책망할 것이 있나니 너의 처음 사랑을 버렸느니라"(요한계시록 2:4). 여기서 "사랑"이란 하나님을 향한 사랑은 물론 이웃을 향한 사랑까지 포함합니다. 올바른 교리는 반드시 사랑의 실천으로 나타나야 하기 때문에 에베소 교회는 경고의 말씀을 듣습니다. 한편 라오디게아 교회는 자신들이 모든 면에서 충분하다고 생각했습니다. 하지만 하나님은 그들의 게으른 신앙을 미지근한 물로 비유하시며 뱉어 낼 수밖에 없는 무가치한 것으로 여기십니다(요한계시록 3:16).

　반면 서머나 교회와 빌라델비아 교회는 칭찬을 듣습니다. 두 교회는 그리스도를 따르는 일로 인해 비방을 받았고, 경제적 어려움에 처해 있었습니다. 이러한 두 교회의 상황은 그리스도인이라고 해서 세상의 고난이 비켜 가지 않는다는 사실을 깨닫게 합니다. 하지만 성도들은 이 어려움을 능히 감당하고 승리할 수 있습니다. 우리가 훗날 생명의 면류관을 얻을 수 있도록 그리스도께서 보호해 주시기 때문입니다.

> 네가 나의 인내의 말씀을 지켰은즉 내가 또한 너를 지켜 시험의 때를 면하게 하리니…내가 속히 오리니 네가 가진 것을 굳게 잡아 아무도 네 면류관을 빼앗지 못하게 하라(요한계시록 3:10-11)

버가모, 두아디라, 사데 교회는 책망과 칭찬을 동시에 듣습니다. 버가모 교회에는 믿음을 부인하지 않고 순교를 당한 이들이 있는 반면, 음행에 탐닉하면서도 신앙을 유지할 수 있다고 타협하는 자들이 있었습니다. 두아디라 교회는 에베소 교회와 달리 사랑이 충만했지만 이교도의 우상 숭배 문화와 거짓 가르침을 비롯해 교회를 어지럽히는 자를 용인하는 잘못을 범했습니다. 사데 교회는 살아 있다는 평판과 다르게 실상은 죽은 교회와 마찬가지라는 책망을 받으며 다시 깨어나야 한다는 말씀을 듣습니다. "그러므로 네가 어떻게 받았으며 어떻게 들었는지 생각하고 지켜 회개하라…"(요한계시록 3:3).

일곱 교회를 향한 말씀은 오늘날 교회가 처할 위험을 경고하는 동시에 그리스도의 왕권과 권능을 상기시킵니다. 또한 예수 그리스도께서 교회와 성도의 삶에 지대한 관심을 가지고 계시며 언제나 그분이 교회와 함께하신다는 사실을 깨닫게 합니다. 오늘 우리의 상황이 어떠하든 우리는 일곱 교회를 향한 편지에 귀를 기울여야 합니다. 왜냐하면 이 편지들은 모든 시대의 교회를 향한 메시지이기 때문입니다. "귀 있는 자는 성령이 교회들에게 하시는 말씀을 들을지어다"(요한계시록 3:22).

Lesson 3　　　**십사만 사천 명**

각 나라에서

온 무리

요한계시록에는 여러 상징적인 숫자가 등장하는데, 특히 주목을 끄는 숫자는 7장에 나오는 '십사만 사천'(144,000)입니다. 이는 이스라엘 자손의 열두 지파에서 인침을 받은 자들로(요한계시록 7:4), 각 지파는 일만 이천 (12,000)명인 셈입니다. 그러나 요한계시록에 나오는 십사만 사천(144,000)은 이스라엘 자손의 실제 숫자를 의미하는 것이 아닙니다. 이것은 상징적인 의미를 지닌 것으로, 모든 나라에 속한 하나님의 백성, 곧 새 이스라엘로 지칭되는 교회의 모든 성도를 가리킵니다.

> 이 일 후에 내가 보니 각 나라와 족속과 백성과 방언에서 아무도 능히 셀 수 없는 큰 무리가 나와 흰 옷을 입고 손에 종려 가지를 들고…
>
> (요한계시록 7:9)

열둘(12)은 완전함을 상징하는 숫자입니다. 따라서 십사만 사천(12×12× 1000)은 하나님 백성의 충만한 모습을 보여 줍니다. 이들은 사탄의 미혹과 위협에 타협하거나 굴복하지 않은 성도들로서 거짓과 흠이 없이 하나님께

완전하고 **충만한** 수의 성도들은 구원의 새 노래로 어린 양 그리스도를 경배하게 될 것입니다.

자신을 드린 사람들입니다. 이들은 자신들을 끝까지 지키고 순결케 하신 하나님과 어린 양 앞에서 큰 소리로 노래합니다.

> …보좌 앞과 어린 양 앞에 서서 큰 소리로 외쳐 이르되 구원하심이 보좌에 앉으신 우리 하나님과 어린 양에게 있도다 하니(요한계시록 7:9-10)

완전하고 충만한 수의 성도들은 구원의 새 노래로 어린 양 그리스도를 경배하게 될 것입니다. 그날이 오면 어린 양이신 예수 그리스도께서 성도들의 모든 눈물을 씻어 주실 것이고, 그들은 두 번 다시 주리거나 목마르지 않을 것입니다.

그들이 다시는 주리지도 아니하며 목마르지도 아니하고 해나 아무 뜨거운 기운에 상하지도 아니하리니 이는 보좌 가운데에 계신 어린 양이 그들의 목자가 되사 생명수 샘으로 인도하시고 하나님께서 그들의 눈에서 모든 눈물을 씻어 주실 것임이라(요한계시록 7:16-17)

Lesson 4 **바벨론의 멸망과 어린 양의 혼인 잔치**

성도의

확정된 승리

요한계시록 17-19장은 '완성'에 대한 장면을 보여 줍니다. 먼저 17장에 등장하는 '바벨론'은 불경건한 국가로, 성도들이 하나님을 예배하지 못하게 하는 권세와 쾌락을 상징합니다. 음녀로 묘사되는 바벨론은 그 짐승과 공모하여 성도들을 미혹하고 공포감을 조성하며 성도들을 위협합니다. 그는 매우 사치스럽고 화려하여 그를 따르는 자에게 영화로운 능력과 권세를 약속하는 것처럼 보입니다. 하지만 성경은 바벨론과 그 추종자들이 맞게 될 최후를 밝힙니다.

> 그들이 어린 양과 더불어 싸우려니와 어린 양은 만주의 주시요 만왕의 왕이시므로 그들을 이기실 터이요 또 그와 함께 있는 자들 곧 부르심을 받고 택하심을 받은 진실한 자들도 이기리로다(요한계시록 17:14)

바벨론은 그 행위대로 하나님의 심판을 받고 매우 빠르게 종말을 맞이하게 됩니다. 자기를 영화롭게 하면서 사치하였던 바벨론의 자랑은 "하루"

만에 조용하게 되고, 그를 심판하시는 하나님이 강한 분임이 드러나게 됩니다. 이 땅의 온갖 풍요와 부, 아름다움을 자랑하던 성은 하나님의 심판으로 "한 시간"에 무너져 다시는 보이지 않게 됩니다.

> 그러므로 하루 동안에 그 재앙들이 이르리니 곧 사망과 애통함과 흉년이라 그가 또한 불에 살라지리니 그를 심판하시는 주 하나님은 강하신 자이심이라(요한계시록 18:8)

> 그러한 부가 한 시간에 망하였도다 모든 선장과 각처를 다니는 선객들과 선원들과 바다에서 일하는 자들이 멀리 서서…티끌을 자기 머리에 뿌리고 울며 애통하여 외쳐 이르되 화 있도다 화 있도다 이 큰 성이여 바다에서 배 부리는 모든 자들이 너의 보배로운 상품으로 치부하였더니 한 시간에 망하였도다(요한계시록 18:17, 19)

이 말씀은 우리를 향한 경고의 메시지입니다. 음녀와 짐승, 바벨론 성이 얼마나 빠르게 쓰러지는지 보십시오. 이 세상 쾌락이 이처럼 감쪽같이 지나간다는 것을 우리는 기억해야 합니다. 세상 쾌락이 우리에게 아주 많은 것들을 제공하는 것 같지만, 실상은 종말을 맞이하는 지름길입니다. 짐승과 음녀를 따라가는 것은 삶을 허비하는 행위입니다.

바벨론의 멸망은 19장에 등장하는 어린 양의 혼인 잔치와 대조를 이룹니다. 바벨론과 그를 따르는 자들은 멸망했지만 순결을 지킨 성도들은 어린 양의 혼인 잔치에 초대됩니다. 진정한 기쁨과 만족이 넘치는 이 잔치에서 성도들은 초청받은 손님이자 어린 양의 신부로서 승리의 풍성함을 누리게 됩니다. 오늘날 교회가 승리하지 않는 것처럼 보일 때가 있습니다. 하지만 요한계시록의 말씀은 교회가 반드시 승리한다고 증언합니다. 어린 양 되신 그리스도께서 승리하시기 때문입니다. 그리스도와 그분의 성도들은 확정된 승리 가운데 진정한 사랑과 친밀한 교제를 나누며 완전한 기쁨을 누리게 될 것입니다.

> …할렐루야 주 우리 하나님 곧 전능하신 이가 통치하시도다 우리가 즐거워하고 크게 기뻐하며 그에게 영광을 돌리세 어린 양의 혼인 기약이 이르렀고 그의 아내가 자신을 준비하였으므로 그에게 빛나고 깨끗한 세마포 옷을 입도록 허락하셨으니 이 세마포 옷은 성도들의 옳은 행실이로다 하더라 (요한계시록 19:6-8)

Lesson 5   # 새 하늘과 새 땅

새 창조의 날

요한계시록의 절정이자 결말은 21장과 22장에 기록된 '새 하늘과 새 땅' 그리고 '새 예루살렘'에 대한 말씀입니다. 어린 양 그리스도께서 최종 승리하신 이후에 등장하는 새 하늘과 새 땅은 이전과는 전혀 다른 세상의 도래를 의미합니다. 타락하고 무질서했던 처음 세상이 물러가고 하나님을 대항하던 악의 세력들도 더 이상 존재하지 않습니다(요한계시록 21:1). 이 새 창조의 중심에는 하나님의 백성이 그분의 임재를 상징하는 장막에서 영원히 함께 거하는 놀라운 묘사가 있습니다.

> 내가 들으니 보좌에서 큰 음성이 나서 이르되 보라 하나님의 장막이 사람들과 함께 있으매 하나님이 그들과 함께 계시리니 그들은 하나님의 백성이 되고 하나님은 친히 그들과 함께 계셔서(요한계시록 21:3)

이는 구약에서 하신 약속들의 실현이자 가장 높은 언약의 복입니다. 우리는 레위기 26장에서 하나님이 우리 하나님으로서 우리와 함께 계시고, 그분의 언약적 임재가 있는 곳에 생명의 충만함과 풍성함이 있는 모습을

어린 양 그리스도의 최종 승리 이후에 등장하는 **새 하늘과 새 땅**은 이전과는 전혀 다른 세상의 도래를 의미합니다.

보았습니다. 성막과 성전과 그리스도 안에서 백성과 함께하셨던 하나님이 이제 새 하늘과 새 땅을 배경으로 하는 새 예루살렘에서 백성과 직접 함께 계십니다.

새 예루살렘에 대한 마지막 묘사는 에덴동산을 상기시킵니다. 이 모든 일의 완성이 아담의 죄가 세상에 들어왔을 때 이미 약속되었던 것이기 때문입니다. 하나님과 백성 사이의 친밀함, 풍성한 복, 아름다운 보석들, 생명을 주는 풍부한 물, 생명나무와 각종 나무의 실과 등을 통해 이를 확인할 수 있습니다. 그러나 역사의 완성은 그 시작보다 훨씬 더 웅장하고 아름다우며 완전합니다. 이렇듯 장엄하고 경이로운 새 창조의 날을 목격한 사도 요한은 이 책을 읽는 독자들에게 그날이 곧 오게 될 것임을 확신시켜 줍니다.

> 또 그가 내게 말하기를 이 말은 신실하고 참된지라 주 곧 선지자들의 영의 하나님이 그의 종들에게 반드시 속히 되어질 일을 보이시려고 그의 천사를 보내셨도다(요한계시록 22:6)

그리고 처음과 나중 되시는 주께서 속히 재림하셔서 충성과 인내로 믿음을 지킨 사람들에게 상을 주실 것이라는 말씀으로 교회를 격려합니다.

> 보라 내가 속히 오리니 내가 줄 상이 내게 있어 각 사람에게 그가 행한 대로 갚아 주리라 나는 알파와 오메가요 처음과 마지막이요 시작과 마침이라(요한계시록 22:12-13)

READING JESUS

리딩지저스
: 그리스도 중심으로 읽는 요한계시록 2

요한계시록의 여러 주제는 구약에서 약속된 하나님 말씀의 최종 성취를 보여 줍니다. 이사야의 마지막 부분과 에스겔 48장에서 약속한 새 하늘과 새 땅 그리고 새 예루살렘은 요한계시록에 이르러 완성됩니다. 새 하늘과 새 땅에서는 그 어떤 고통과 아픔도 없습니다. 그리고 새 예루살렘은 어린 양과 하나님이 친히 성전이 되시며 그 영광의 빛을 모든 나라와 백성에게 비추시는 곳입니다. 구약에서 바라보며 달려왔던 모든 것의 완성이 어린 양 그리스도와 그분의 승리 안에 있습니다.

요한계시록은 하나님이 역사를 완성하시고 승리하실 것을 우리로 하여금 확신케 합니다. 우리 마음속에 굳게 자리 잡은 확신은, 하나님을 흉내 내는 거짓 모방자를 따르지 않고 하나님과 어린 양의 아름다움과 영광을 바라볼 수 있게 합니다. 예수 그리스도는 부활하신 만왕의 왕으로서 그분을 믿는 자들을 교회로 부르시고 끝까지 지키시는 분입니다. 오늘날 교회가 승리하지 않는 것처럼 보일 때가 있지만, 요한계시록의 말씀대로 교회는 반드시 승리합니다. 승리하신 그리스도께서 그분의 교회를 승리케 하실 것이기 때문입니다. 교회는 끝까지 인내하며 그분을 증거하고 이 시대의 미혹에 흔들리지 않도록 깨어 있어야 합니다. "이것들을 증언하신 이가 이르시되 내가 진실로 속히 오리라 하시거늘 아멘 주 예수여 오시옵소서"(요한계시록 22:20).

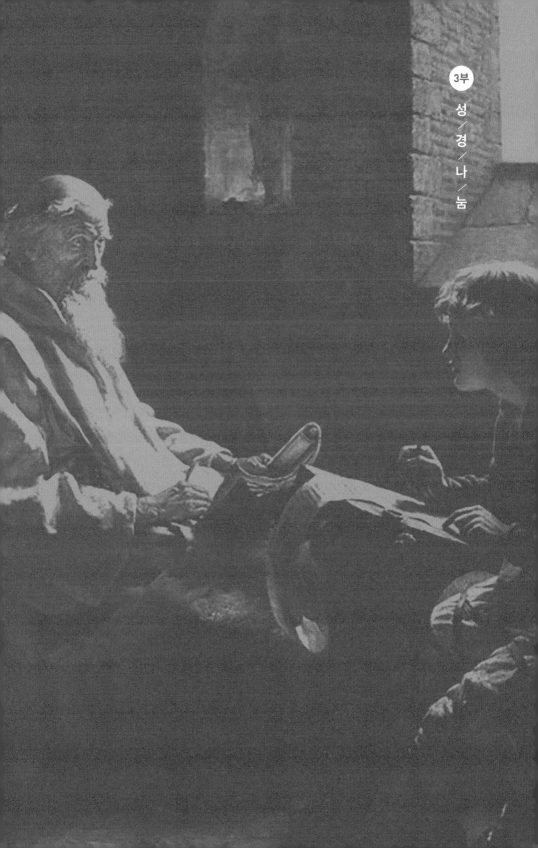

요한계시록에 등장하는 '거짓 모방'이라는 주제는 하나님을 대적하는 사탄의 전략이 어떠한지 보여 줍니다. 사탄은 삼위일체 하나님의 모습을 위조하고 흉내 내며, 악한 계획을 세우고 그 일을 실행하고자 합니다. 용, 짐승, 거짓 선지자는 각각 성부, 성자, 성령 하나님을 거짓되게 모방하고 하나님 행세를 하며 사람들을 미혹하는 존재들로 묘사됩니다. 이러한 요한계시록의 가르침은 우리에게 사탄의 속이는 전략과 죄에 대해 통찰하도록 함으로써 우리를 영적 무감각에서 벗어날 수 있게 일깨웁니다.

요한계시록 2-3장은 일곱 교회(에베소, 서머나, 버가모, 두아디라, 사데, 빌라델비아, 라오디게아)를 향한 편지를 기록하는데, 일곱 교회는 모든 시대의 교회를 대표합니다. 이 편지는 오늘날 교회가 처할 위험을 경고하고, 그리스도의 왕권과 권능을 상기시키며, 교회와 성도의 삶에 대한 예수님의 관심이 얼마나 지대한지를 보여 줍니다.

요한계시록에는 여러 상징적인 숫자가 등장합니다. 특히 주목을 끄는 숫자는 7장에 나오는 '십사만 사천'(144,000)입니다. 이 숫자는 상징적인 의미로 모든 나라에 속한 하나님의 백성, 곧 새 이스라엘로 지칭되는 교회의 모든 성도를 가리킵니다. 거짓과 흠이 없이 하나님께 자신을 드린 사람들, 사탄의 미혹과 타협에 굴복하지 않은 성도들입니다. 이들은 어린 양 그리스도를 경배하는 구원의 새 노래를 부르게 될 것입니다. 그날이 오면 예수 그리스도께서 그들의 모든 눈물을 씻어 주실 것이고, 그들은 더 이상 주리거나 목마르지 않을 것입니다.

요한계시록 17-19장은 '완성'에 대한 장면을 보여 줍니다. 여기에 등장하는 바벨론은 불경건한 국가로 하나님을 예배하지 못하게 하는 권세와 쾌락을 상징합니다. 음녀로 묘사되는 바벨론은 성도들을 미혹하고 공포감을 조성하여 그들을 위협하지만, 하나님의 심판을 받고 매우 빠르게 종말을 맞이하게 됩니다. 이러한 바벨론의 멸망은 어린 양의 혼인 잔치와 대조를 이룹니다. 이 혼인 잔치에 초대된 성도들은 승리의 풍성함을 영원히 누리게 됩니다.

요한계시록의 결말은 새 하늘과 새 땅, 그리고 새 예루살렘에 대한 말씀입니다. 이는 구약에서 약속된 하나님 말씀의 최종 성취이자, 하나님과 백성 사이의 친밀함과 생명의 충만함이 넘치는 곳입니다. 이 모든 일의 완성은 아담의 죄가 세상에 들어왔을 때 이미 약속된 것으로, 그 시작보다 더 웅장하고 아름다우며 완전한 완성입니다.

마지막으로 요한계시록은 주께서 속히 재림하시고 충성과 인내로 믿음을 지킨 자들에게 상을 주실 것이라는 말씀으로 교회를 격려합니다. 따라서 요한계시록은 하나님이 역사를 완성하시고 승리하실 것을 확신케 하는 책입니다. 교회가 승리하지 않는 것처럼 보일 때가 있을지라도 교회는 요한계시록의 말씀대로 반드시 승리합니다. 승리하신 그리스도께서 그분의 교회를 승리케 하실 것이기 때문입니다.

성경수업

돌아보기

❶ 요한계시록은 다시 오실 그리스도를 (   )으로 따르는
교회가 이 세상에서 어떤 모습으로 존재해야 하는지, 그리고 현재와 미래
에 대해 어떠한 (   )을 가져야 하는지를 생생한 이미지로 가르쳐 줍
니다. 요한계시록 2에 들어가며

❷ 사탄이 (   )라는 사실은 우리에게 경고의 메시지를
줍니다. 이 사실은 영적 전쟁의 현실 한가운데 있는 우리에게 큰 위로의 메
시지를 줍니다. 요한계시록은 (   )의 **최후**를 통해 우
리의 최종 (   )가 이미 확정되었음을 보여 줍니다. 성경수업 Lesson 1

❸ 요한계시록 2장과 3장에 있는 일곱 교회를 향한 편지의 내용을 바르게 연
결해 보세요. 성경수업 Lesson 2

1. 라오디게아 •   • a. 인내의 말씀을 잘 지켰다

2. 서머나 •   • b. 어려운 가운데서도 믿음을 지켰으나 음
                                       행에 탐닉했다

3. 버가모 •   • c. 궁핍한 가운데서도 믿음을 지켰다

4. 빌라델비아 •   • d. 차지도 않고 뜨겁지도 않은 게으른 신
                                       앙을 가졌다

5. 사데 •   • e. 참고 인내했지만 처음 사랑을 잃어버렸다

6. 에베소 •   • f. 살아 있으나 죽었다

7. 두아디라 •   • g. 사랑이 충만하지만 우상 숭배와 거짓 가
                                  르침을 용인했다

❹ 요한계시록에 나오는 십사만 사천(144,000)은 실제 이스라엘 자손의 숫자
가 아니라 (   ) 의미를 지닌 숫자입니다. 모든 나라에 속한
하나님의 백성, 곧 (   )로 지칭되는 교회의 모든 성도를
가리킵니다. 〔성경수업 Lesson 3〕

❺ 요한계시록의 관점으로 보면 교회는 반드시 (   )합니다. 왜냐하면 어
린 양 되신 그리스도께서 (   )하시기 때문입니다. 그리스도와 그분의
성도들은 확정된 (   ) 가운데 진정한 사랑과 친밀한 교제를 나누며
완전한 (   )을 누리게 될 것입니다. 〔성경수업 Lesson 4〕

정답

1. 만왕의 왕, 소망 2. 거짓 모방자, 거짓 모방자, 승리 3. 1 → d, 2 → c, 3 → b, 4 → a, 5 → f, 6
→ e, 7 → g 4. 상징적인, 새 이스라엘 5. 승리, 승리, 승리, 기쁨

❶ 신앙생활을 하면서 가장 힘들고 어려웠던 적은 언제였나요? 그러한 상황에서 요한계시록의 메시지는 나에게 어떤 격려와 위로를 주었나요?

❷ 우리는《리딩지저스》와 함께 "그리스도 중심"의 관점으로 성경 전체를 살펴보았습니다.《리딩지저스》와 함께한 성경통독은 나에게 어떤 의미를 주었나요? 성경을 읽는 나의 방식에 어떤 변화를 가져왔나요?

❸ 우리에게 영원하고 궁극적인 승리를 주실 예수님을 따르는 한 주간이 되기 위해 내가 실천할 수 있는 것들을 나누어 봅시다.

기도로 함께
소망하며

❶ 성경 말씀에 기초해, 찬양과 감사의 기도를 드립니다.

성령과 신부가 말씀하시기를 오라 하시는도다
듣는 자도 오라 할 것이요 목마른 자도 올 것이요
또 원하는 자는 값없이 생명수를 받으라 하시더라
요한계시록 22:17

❷ 일상의 변화를 소망하며, 회개와 결단의 기도를 드립니다.

❸ 서로를 위해, 또 교회를 위해 기도합니다.

하나님을 향한
찬양

시편 150편 1-6절

할렐루야

그의 성소에서 하나님을 찬양하며

그의 권능의 궁창에서 그를 찬양할지어다

그의 능하신 행동을 찬양하며

그의 지극히 위대하심을 따라 찬양할지어다

나팔 소리로 찬양하며

비파와 수금으로 찬양할지어다

소고 치며 춤추어 찬양하며

현악과 퉁소로 찬양할지어다

큰 소리 나는 제금으로 찬양하며

높은 소리 나는 제금으로 찬양할지어다

호흡이 있는 자마다 여호와를 찬양할지어다

할렐루야

보라 내가 속히 오리니
이 두루마리의 예언의 말씀을 지키는
자는 복이 있으리라 하더라

요한계시록 22장 7절

그림 목록

1장 38-39, 55쪽 《바울서신 그리스어 사본 Pauline Episteles》, Huldrych Zwingli

41쪽 《코덱스 아미아티누스 1 Corinthians 1:1-21 in Codex Amiatinus》

44쪽 《부활 Resurrection》, Luca Giordano

2장 72-73, 95쪽 《보라, 이 사람이로다 Ecce Homo》, Gustave Doré

75쪽 《마리아와 마르다의 집에 거하신 그리스도 Christ at the Home of Martha and Mary》, Georg Friedrich Stettner

86쪽 《베드로의 발을 씻기시는 예수 Jesus Washing Peter's Feet》, Ford Madox Brown

88쪽 《제자들을 떠나시는 그리스도 Christ Taking Leave of the Apostles》, Duccio di Buoninsegna

91쪽 《타락 천사의 몰락 The Fall of the Rebel Angels》, Luca Giordano

3장 112-113, 127쪽 《사도 바울 The Apostle Paul》, Rembrandt van Rijn

117쪽 《재림을 묘사한 이콘 Greek Icon of the Second Coming》

121쪽 《Minuscule 699》

4장 144-145, 163쪽 《로마 카타콤에 묘사된 예수 Jesus is Depicted with the Alpha and Omega Letters in the Catacombs of Rome》

150쪽 《아브라함과 멜기세덱 Abraham and Melchisedek》, Dieric Bouts

153쪽 《시내 산 Mount Sinai》, Jan and Kaspar Luiken

160쪽 《왕이신 예수 Christ the King》, Hubert van Eyck

5장　　　180-181, 197쪽　　《사도 요한 St. John the Evangelist》, Domenichino

188쪽　　《십자가에 달리신 그리스도 Christ Crucified》, Diego Velázquez

194쪽　　《마지막 식사 The Last Supper》, Fritz von Uhde

6장　　　214-215, 233쪽　　《Saint Sever Beatus》

223쪽　　《동방 교회의 요한계시록 이콘 An Orthodox Icon of the Apocalypse of St. John》

226쪽　　《요한의 밧모섬 환상 The Vision of John on Patmos》, Julius Schnorr von Carolsfeld

7장　　　250-251, 267쪽　　《요한복음을 번역하는 비드 Bede Translating the Gospel of John on His Deathbed》, James
Doyle Penrose

258쪽　　《Beatus d'Osma》

264쪽　　《오소고보 수도원의 프레스코화 Christian Orthodox Traditional Fresco Scenes in Osogovo
Monastery》

276-277쪽　　《밤베르크 묵시록 Bamberger Apokalypse》

그림 출처　　　　　wikipedia

미국 웨스트민스터 신학교

한국어 신학연구
석사 과정
KMATS

미국 웨스트민스터 신학교의
KMATS Korean Master of Theological Studies 는
전 세계 그리스도인이 성경의 진리에 기초한
건강한 신학을 삶과 일터,
사역의 현장에 적용할 수 있도록
훈련하는 프로그램입니다.
《리딩지저스》 시리즈는
웨스트민스터 신학교 KMATS 프로그램의 과목인
"구약성경과 그리스도", "신약성경과 그리스도"
수업 내용의 일부를 쉽게 재구성하여 집필했습니다.

특징

❶ 100% 온라인 프로그램으로 세계적인 미국 웨스트민스터 신학교 교수진의 강의를 언어와 지역에 상관없이 한국어로 들을 수 있습니다.

❷ 온라인 담당 한국인 교수와 함께 실시간으로 자유롭게 질의응답할 수 있습니다.

❸ 한 학기에 한 과목 수강으로 바쁜 일상 중에도 부담 없이 참여할 수 있습니다.

대상

❶ 그리스도 중심 설교를 배우고 싶은 목회자

❷ 하나님의 말씀을 확신 있게 가르치고 싶은 평신도 지도자

❸ 해외 선교 현장에서 신학 교육의 필요성을 느끼는 선교사

개요

100% 온라인	12과목 이수	1.5년-3년 소요
1년 4학기 개강	한 학기 10주	개별과목 수강

· 졸업 요건은 12과목 이수 여부와 졸업 총괄 평가로 이루어집니다.

· 1년 4학기로 1월, 3월, 6월, 9월에 개강하며, 매 학기 입학할 수 있습니다.

· 전체 학위 과정에 참여하지 않고 관심 있는 과목만 수강할 수 있습니다.

과목		
구약성경과 그리스도 Old Testament Survey	**구약성경 적용** Old Testament for Application	
신약성경과 그리스도 New Testament Survey	**신약성경 적용** New Testament for Application	
성경 해석 원리 Principles of Biblical Interpretation	**예배를 위한 성경신학** Biblical Theology of Worship	
조직신학 개론 Introduction to Systematic Theology	**구원론: 그리스도와의 연합** Union with Christ	
변증학 개론 Introduction to Apologetics	**기독교와 문화** Christianity and Culture	
교회사 I History of Christianity I	**교회사 II** History of Christianity II	
신론: 하나님을 아는 지식 Doctrine of God	**과학과 신앙** Science and Faith	

개별 과목 수강 트랙

전체 학위 과정을 이수하지 않고, 원하는 과목만 개별 수강할 수 있습니다. 평소 성경과 신앙에 대해 풀리지 않던 질문이 있었다면 아래 추천 과목 중에 선택하여 수강하길 바랍니다. KMATS 프로그램의 신뢰할 수 있는 신학적 틀 안에서 자유롭게 질문하며 답을 찾아갈 기회를 얻게 될 것입니다.

추천 과목

그리스도 중심 설교 ∨	성경 신학적 토대 ∨	일터와 신앙, 문화의 이해 ∨
· 구약성경과 그리스도	· 구약성경과 그리스도	· 기독교와 문화
· 신약성경과 그리스도	· 신약성경과 그리스도	· 과학과 신앙
· 구약성경 적용	· 조직신학 개론	· 교회사 2
· 신약성경 적용	· 변증학 개론	· 변증학 개론

교수진

싱클레어 퍼거슨	이안 더귀드	윌리엄 애드가	데이비드 가너	번 포이트레스	조나단 깁슨
Dr. Sinclair Ferguson	Dr. Iain Duguid	Dr. William Edgar	Dr. David Garner	Dr. Vern Poythress	Dr. Jonathan Gibson

   ○ ○ ○

브랜든 크로우	채드 반 딕스훈	리차드 개핀
Dr. Brandon Crowe	Dr. Chad Van Dixhoorn	Dr. Richard Gaffin

문의

홈페이지 www.wts.edu/kmats

카카오 채널 "kmats"를 검색

이메일 kmats@wts.edu

전화 02-2289-9081

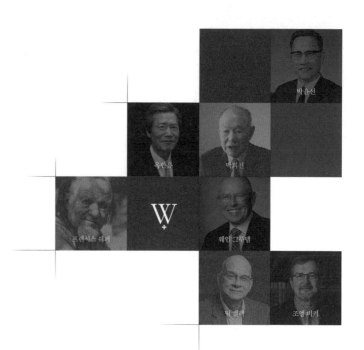

미국 웨스트민스터 신학교는
그리스도와 전 세계에 있는 그의 교회를 위하여
1929년에 설립되었습니다.

웨스트민스터 신학교는 설립된 이래로 한결같이
성경이 무오하고 권위 있는 하나님 말씀이라는 신념으로
학문적 탁월성과 그리스도 중심적 성경 해석에
철저히 헌신해 왔습니다.

지난 90여 년간 하나님의 은혜로
웨스트민스터 신학교를 통해
한국 교회와 전 세계 교회를 섬기는 지도자들이
배출되었습니다.

이제 그 자리에서 함께할 당신을 기다립니다.

설립 100주년을 맞이하며 웨스트민스터 신학교는 한국 교회와
함께 전 세계 교회를 섬기는 비전을 품고 앞으로 달려 나갑니다.

| 한국
사역 | 리딩지저스 | 한국어 신학연구
석사 과정KMATS | 한국어 목회학
박사 과정KDMIN |